Deolino Pedro Baldissera

CONHECER-SE
UM DESAFIO

Aspectos do desenvolvimento humano

Dados Internacionais de Catalogação na Publicação (CIP)
(Câmara Brasileira do Livro, SP, Brasil)

Baldissera, Deolino Pedro
  Conhecer-se : um desafio : aspectos do desenvolvimento humano / Deolino Pedro Baldissera. – São Paulo : Paulinas, 2015. – (Coleção psicologia e espiritualidade)

ISBN 978-85-356-4002-1

1. Autoconhecimento - Teoria 2. Desenvolvimento humano 3. Conduta de vida 4. Espiritualidade 5. Mudança (Psicologia) I. Título. II. Série.

15-07795   CDD-158.1

Índice para catálogo sistemático:
1. Autoconhecimento : Psicologia aplicada   158.1

1ª edição – 2015
2ª reimpressão – 2023

Direção-geral: *Bernadete Boff*
Editora responsável: *Andréia Schweitzer*
Copidesque: *Mônica Elaine G. S. da Costa*
Coordenação de revisão: *Marina Mendonça*
Revisão: *Ana Cecilia Mari*
Gerente de produção: *Felício Calegaro Neto*
Capa e diagramação: *Jéssica Diniz Souza*
Imagem de capa: *Fotolia* – © *krabata*

Nenhuma parte desta obra poderá ser reproduzida ou transmitida por qualquer forma e/ou quaisquer meios (eletrônico ou mecânico, incluindo fotocópia e gravação) ou arquivada em qualquer sistema ou banco de dados sem permissão escrita da Editora. Direitos reservados.

Cadastre-se e receba nossas informações
www.paulinas.com.br
Telemarketing e SAC: 0800-7010081

Paulinas
Rua Dona Inácia Uchoa, 62
04110-020 – São Paulo – SP (Brasil)
✆ (11) 2125-3500
✉ editora@paulinas.com.br
© Pia Sociedade Filhas de São Paulo – São Paulo, 2015

Sumário

Introdução 7

CAPÍTULO I

Pessoa humana: quem ela é? Uma visão da antropologia cristã...............9

Um ser biológico 10

Um ser psicológico..11

Um ser teológico...29

CAPÍTULO II

Desenvolvimento humano
(segundo os aspectos afetivo, cognitivo e moral)...............................35

Etapas do desenvolvimento humano...38

Algumas linhas de convergência entre Kohlberg e Piaget...............71

Observações críticas às teorias...74

Algumas aplicações práticas das teorias para o campo
do crescimento pessoal..81

Desenvolvimento da fé, segundo Fowler.....................................85

Referências bibliográficas..91

CAPÍTULO III

Parte prática...93

Situando-me no mundo, no dia em que nasci!...............................93

CAPÍTULO IV

Origem e desenvolvimento da imagem de Deus na criança................113

A imagem de Deus se forma nos primeiros anos de vida 113

Imagens de Deus ambivalentes...117

Desenvolvimento da representação de Deus 118

O desenvolvimento humano 118

Formação da representação de Deus 122

Criando nossos mitos: a perspectiva de McAdams 126

Diferentes formas míticas 128

Importância de conhecer nossos mitos 131

Mudando os mitos 133

CAPÍTULO V

O papel do inconsciente na formação do autoconceito
e da autoimagem 135

Leis do inconsciente 137

Há saída para a influência do inconsciente? 139

CAPÍTULO VI

Questões relacionadas à afetividade e à sexualidade 151

CAPÍTULO VII

Mecanismos de defesa 193

Mecanismos de defesa primitivos 197

Mecanismos protetores de controle 198

A questão da normalidade e da anormalidade psíquica:
saúde ou patologia 198

CAPÍTULO VIII

Personalidade: estrutura e conteúdo 201

Estruturas da personalidade 201

Conteúdos da personalidade 203

Como proceder para discernir sobre sua força motivacional? 208

Referências bibliográficas 210

CAPÍTULO IX

Estilos de personalidade...211

Introdução..211

Obsessivo-compulsivo..212

Histriônico (histérico)...213

Ciclotímico...215

Passivo-agressivo...217

Paranoide...219

Narcisista...221

Evitativo...223

Esquizoide..225

Dependente..226

Antissocial...228

Conclusão...229

CAPÍTULO X

Considerações sobre a experiência de fé.....................................231

Processo para crescimento na fé..231

Conclusão...247

INTRODUÇÃO

Caro leitor, o que me motivou a fazer este livro foi o trabalho que desenvolvo há mais de vinte anos na CRBSP (Conferência dos Religiosos do Brasil – Regional São Paulo), no curso de Postulinter. Muitas vezes, formandos e formadores me pediam os textos que eu apresentava nas minhas reflexões. Resolvi agora os apresentar por escrito, a maioria deles neste livro.

O que você vai encontrar aqui? Apresentarei reflexões sobre o caminho do autoconhecimento de duas maneiras: uma prática e outra teórica. Na prática, mostro reflexões em estilo coloquial, num linguajar acessível a todos, a fim de aproximá-las à experiência de cada um e relacioná-las às questões do autoconhecimento; e na teórica, trago alguns estudos sobre teorias do desenvolvimento humano e da fé, dando alguns fundamentos de cunho mais científico. Em ambas as práticas ofereço também sugestões, através de roteiros e dinâmicas, de exercícios a serem feitos em nível pessoal ou em grupo. Sugiro também vídeos e filmes relacionados aos temas tratados.

Alguns dos textos aqui reunidos já apareceram em outros livros já publicados por mim (alguns esgotados), ou também em livros escritos com outros colegas. A intensão de reuni-los agora com novos textos é oferecer um roteiro mais completo para ajudar no processo de autoconhecimento.

Não tenho nenhuma pretensão de esgotar os assuntos aqui tratados; meu único intuito é o de oferecer algum subsídio para aqueles que se interessam por esses assuntos, e penso de modo especial nos formandos e formandas para a Vida Religiosa e sacerdotal, e em seus formadores. Espero que os textos propostos possam ser úteis também para qualquer pessoa que se interesse em conhecer-se melhor.

Ficarei feliz se alguém se sentir beneficiado com o que aqui proponho.

Encanta-me sempre que volto a esses temas a riqueza escondida em cada ser humano e o desejo de vida plena que há em cada um. Ao longo desses anos que trato disso, surpreendo-me frequentemente com aspectos do mistério que se esconde em cada um de nós. Tento resumir assim minha compreensão de quem somos: *Se quiser conhecer alguém, preciso conhecer a letra dos seus versos com a clave das notas musicais que a acompanham, prestando atenção na melodia interpretada com os arranjos que a própria pessoa compôs!*

Capítulo I

Pessoa humana: quem ela é?
Uma visão da antropologia cristã

Para se falar sobre a pessoa humana é preciso delimitar o tema, pois é uma realidade muito complexa que envolve vários aspectos. É um dos temas mais estudados, pois existem divergências nas opiniões e nas compreensões. Por ser uma realidade profunda, permite muitas análises. Aqui vamos nos ater somente a alguns aspectos que nos interessam, dado que o que se pretende é ter um conhecimento básico de quem é a pessoa humana do ponto de vista cristão. Queremos aprofundar algumas das razões que sustentam nossa maneira de ver e dão suporte a nossa fé. Para iniciar, partimos da afirmação de que toda pessoa tem uma tendência natural para o imanente e ao mesmo tempo para o transcendente. Imanente quer dizer aquilo que está relacionado com o que se pode perceber em relação a si próprio e, também, em relação às coisas visíveis e palpáveis. A outra tendência, que é a transcendente, diz respeito à capacidade de relacionar-se com Deus ou com aquilo que vai além de si, com o sagrado. Essas duas tendências convivem na pessoa humana. São Paulo falava que ele notava em si uma tendência para as coisas da carne e outra para as coisas do espírito. Dizia que percebia uma luta entre essas duas forças. Santo Agostinho expressou isso de outra forma, quando disse que "seu coração estava inquieto até que repousasse plenamente em Deus".

Para facilitar a compreensão, vamos analisar, por parte, o ser humano.

Um ser biológico

Todos sabemos que o ser humano se forma pela união do espermatozoide e do óvulo. É gestado durante nove meses, depois nasce, precisa de proteção, alimentação. Quando ainda bebê, é um dos seres mais frágeis e desprotegidos. Não consegue sobreviver sozinho. Diferentemente de alguns animais, que logo que nascem já caminham e fazem uma série de atividades próprias da espécie. A pessoa humana, contudo, à medida que cresce vai desenvolvendo capacidades e habilidades que superam qualquer tipo de animal. Em nível biológico, passa por fases de crescimento físico. Para isso precisa de cuidados dos pais e adultos. Vai adquirindo maior independência à medida que se fortalecem seus membros. Depois que aprende a engatinhar, passa a caminhar. Aprende a falar. Essas duas coisas, falar e caminhar, são muito significativas, porque pela fala é capaz de manifestar seus desejos, o que quer. Caminhando pode conquistar o mundo com suas pernas. Ou seja, é capaz de correr atrás da realização de seus desejos, torna-se mais autônomo. Junto com seu crescimento físico, desenvolve capacidades como pensar, toma consciência de si como diferente dos outros e tem vontade própria. Para manter seu desenvolvimento físico e sustentá-lo, precisa alimentar-se, beber, dormir, praticar atividades físicas. O corpo ganha tamanho, fica esbelto, forte. Com o passar dos anos vai envelhecendo, perdendo habilidades, ou tornando-se incapaz de exercê-las. Os membros enfraquecem, debilitam-se, e com mais facilidade adoece. O corpo físico (biológico) tem um ciclo vital, contam-se os anos (idade). É no corpo biológico que se manifestam as outras características da pessoa.

Podemos chamar este aspecto de fenomenológico: sou aquilo que apareço!

SUBSÍDIO PARA APROFUNDAMENTO

Ver o documentário: *Um milagre diário* (da Coleção Corpo Humano BBC – Parte 2), disponível em: www.dvdscientificos. com.br. O vídeo mostra: da concepção ao nascimento, o que acontece no corpo de uma mulher durante o surgimento de uma nova vida. Imagens tridimensionais revelam o surpreendente dia a dia de um feto humano e todos os obstáculos que ele terá que enfrentar durante os turbulentos nove meses na barriga da mãe.

Texto bíblico ilustrativo do tema: Salmo 138.

Um ser psicológico

Agora vamos aprofundar esse aspecto, que é um dos mais complexos para o conhecimento da pessoa. Primeiro veremos como se desenvolve a consciência da própria identidade e, em seguida, um resumo das etapas do desenvolvimento afetivo.

Formação da identidade

A formação da identidade pessoal ocorre durante um longo processo que se inicia nos primeiros anos de vida, quando a criança começa a distinguir-se dos outros objetos e pessoas. Começa a se perceber diferente dos demais. Lá pelos 2-3 anos, quando domina a fala e a locomoção, já é capaz de referir-se a si própria apontando o dedo para si, quando alguém lhe pede que mostre quem é a pessoa que tem seu nome. É uma identidade ainda rudimentar, principiante, mas que lança as primeiras bases para a construção de uma identidade mais definida, que vai ocorrer no período da adolescência e início da juventude. Ela estará consolidada e bem definida quando o jovem for capaz de governar-se e orientar-se pelas próprias convicções e tiver formado um quadro referencial de reconhecimentos e de aceitação dos próprios limites, ao mesmo tempo que respeita as diferenças que percebe nos outros.

Dois elementos inseparáveis na formação e consolidação da própria identidade vêm com a conquista da subjetividade e individualidade. Por subjetividade aqui entendemos todos os processos interiores de pensamentos e sentimentos (razão e emoção), mormente os emotivos, que dão uma tonalidade à maneira de ser do sujeito que o distinguirá dos demais. Sua subjetividade se manifestará na maneira como lida consigo mesmo, como reage diante do mundo externo, como este se reflete em seu interior e como maneja suas emoções na forma de expressá-las ou reprimi-las. A subjetividade diz respeito, portanto, ao seu modo pessoal de interpretar o que acontece dentro de si e como percebe o mundo que entra nele e com o qual se põe em relação. Ao mesmo tempo que vai tomando consciência de sua subjetividade, também se vai apoderando de sua individualidade, vendo-se como sujeito de sua história pessoal e sua unicidade irrepetível. Essas aquisições da subjetividade e individualidade não ocorrem espontaneamente com o crescimento. Vários fatores podem favorecer ou dificultar esse processo ou mesmo impedir que se complete com relativo sucesso.

São frequentes os casos de pessoas que mostram pouco senso de autopertença e percepção realista de quem realmente são. Há os casos mais sérios em que a identidade nem chega a se formar; são pessoas com uma identidade difusa (para não dizer confusa), em que se manifestam totalmente dependentes das decisões alheias para se relacionarem com o mundo que as cerca. Têm dificuldade, por exemplo, de dizer com clareza o que realmente querem, sentem ou pensam. Mostram-se inseguras quando são forçadas pelas situações a tomarem alguma decisão. Se as tomam, é sob forte pressão da ansiedade e de sofrimentos interiores. Não sabem dizer quem são, pensam com a cabeça dos outros ("penso como ele") e se tornam extremamente volúveis e dependentes de alguém. Como se vê, a formatação da identidade pessoal, com os componentes subjetivos e individuais integrados, não é decorrência lógica do crescimento biológico e etário.

Hoje sabemos, graças especialmente às ciências humanas e biológicas, e de modo particular à psicologia, que o indivíduo, desde seu nascimento, percorre fases que o caracterizam em momentos específicos de seu crescimento. Por exemplo, nos dois primeiros anos de vida ele deve percorrer o caminho da separação objetual até chegar a estabelecer uma relação realista com o mundo exterior. Ao nascer não consegue distinguir-se das demais coisas/objetos que o cercam. Nos dois primeiros meses nem mesmo a mãe ele consegue ver como diferente de si, por isso vai ao colo de qualquer um e não estranha. É a fase do autismo: ele e o mundo são uma só coisa. Alguns meses depois já começa a perceber o outro como diferente de si, porém não consegue viver sem o outro ainda unido a ele. É a fase simbiótica onde o eu do outro é seu eu auxiliar. Superada essa fase, consegue ver o "mundo externo" dividido em duas partes: o bom e o mau; porém, separados. Ou tudo bom ou tudo mau. Estabelece uma cisão. A mãe é boa quando gratifica suas necessidades, a mãe é má quando não o atende. Só em torno de um ano e meio a dois anos consegue fazer a integração dos dois aspectos no mesmo objeto. O bom e o mau podem conviver juntos. Se esse processo não se conclui de forma satisfatória, pode ocorrer que o indivíduo se fixe numa visão ou otimista demais (idealizações fantasiosas), desconectando-se da realidade objetiva e vivendo como que no "mundo da lua", ou então bem pessimista, negativista diante da vida. Mesmo que o dia amanheça ensolarado e radiante, vai logo se preocupar com a possibilidade de a tarde chover e estragar tudo. Consequências dessa visão distorcida da realidade afetam suas relações com os outros e comprometem o próprio sucesso diante da vida. Nesses casos o outro é visto como alguém idealizado ou como alguém demonizado, isto é, mau.

Esses processos iniciais abrem caminho para a primeira identificação da criança, que aprende a se distinguir dos demais objetos e começa a manifestar seus desejos e como quer ser quando crescer. Em geral seus desejos identificatórios são de fazer o que o pai ou a mãe fazem, ou outra pessoa que lhe seja próxima afetivamente. Passa a imitá-las em algumas atitudes, até mesmo copiando às vezes tiques. Esta fase, onde a imaginação e a fantasia predominam nas relações com os objetos, fazem-na ser capaz de ter os próprios sonhos de futuro, que são embriões de futuros ideais mais realísticos. Com o despertar da curiosidade, que a leva a querer saber os "porquês" de tudo, encaminha-se para uma consolidação cada vez mais eficaz de si própria. Vai amadurecendo, assim, no aprendizado interacional com as outras crianças e seu companheirismo, reconhecendo as semelhanças e diferenças entre elas, e na aceitação de conviver com gostos e opiniões divergentes dos seus. Essa assimilação, que se dá sobretudo nas relações lúdicas e nas trocas de experiências, a conduz ao momento de maior definição da própria identidade, que ocorre na fase da adolescência. Nela, a aquisição da autonomia vai marcá-la como alguém independente e "dona do próprio nariz"; é bem verdade que ainda com prepotência e inseguranças misturadas, mas já sendo capaz de testar-se no confronto com os adultos que a querem submeter. Já não veste as roupas que a mãe quer ou separa para ela. Põe aquelas que acha que mais lhe convêm, independentemente das convenções sociais dos adultos. Prefere identificar-se com seus ídolos porque estes lhe oferecem um retrato que quer desenhar para si como homem ou mulher autônomo. Passada a adolescência, evolui para uma maturidade maior da própria identidade, quando assume mais realisticamente a vida a partir de escolhas que faz e com responsabilidade, seja no mundo profissional, seja no afetivo. Define-se por uma profissão, é capaz de produzir bens e administrá-los e de comprometer-se com alguém com quem quer compartilhar a vida afetiva, na forma de constituição de uma família.

Uma identidade adulta acontece quando o indivíduo assume sua vida e se responsabiliza por si e pelos que dele dependem e é capaz de contribuir com seu trabalho e participação na construção de uma sociedade humanitária. Identidade consolidada se traduz em cidadãos honestos, éticos e confiáveis.

Vejamos agora qual o processo pelo qual passamos no aprendizado do amor (maturação afetiva).

a) Bebê (de 0 aos 2-3 anos)

Todos sabemos que a vida começa com um ato de amor entre duas pessoas, o pai e a mãe. (Assim deveria ser!) É na experiência do amor entre essas duas pessoas que a criança vai aprendendo a amar. É sabido hoje pela ciência genética que todas as células do corpo humano mudam mais ou menos a cada 8-9 anos. Biologicamente, portanto, não somos os mesmos de quando nascemos enquanto continuidade de células. Contudo, mesmo que nossas células sejam outras de tempos em tempos, há algo em nós que permanece: o amor que vamos experimentando. É certo também, embora sejamos a mesma pessoa na identidade pessoal durante a vida toda, que nos vamos tornando diferentes à medida que integramos novos elementos e novas experiências da realidade pessoal e histórica que vivemos. Falando da afetividade, podemos dizer que ela segue um processo de amadurecimento e vai adquirindo características específicas nas várias idades pelas quais passamos. Para cada momento da vida ela assume expressões próprias. É assim que, do 0 aos 2-3 anos, os primeiros vínculos afetivos são estabelecidos com as pessoas significativas para o bebê, de modo especial os pais e também irmãos, e em seguida os coleguinhas de brincadeiras. Afetividade na criança se caracteriza nesse período pelo amor filial. O mundo dela é o mundo familiar (pais). Se suas necessidades afetivas são bem supridas pelos pais e as pessoas que a cercam, ela adquire a certeza de que o mundo lhe quer bem e é bem-vinda e desejada. Aos poucos irá amadurecendo a convicção de que pode dar-se também gratuitamente aos outros sem receios. Será capaz de suportar até mesmo frustrações sem perder a capacidade de estabelecer vínculos afetivos saudáveis e duradouros com os outros. Essa experiência afetiva inicial será um dos fundamentos para mais tarde, como adulta, aprender a estabelecer com Deus uma relação de amor filial.

Nesses primeiros anos a criança tem um vínculo afetivo de tipo egocêntrico, quer dizer, voltado para si. Nesta fase é natural que seja assim, pois precisa assimilar a experiência de sentir-se objeto do amor dos outros. Depois que fortalecer esta certeza, terá condições de abrir-se para o amor heterocêntrico, isto é, voltado para o outro, que será condição para realizar-se como pessoa na convivência social. Pode-se dizer com segurança que esses primeiros anos de vida são decisivos para o futuro adulto. Se a criança não encontrar um ambiente favorável para o desenvolvimento saudável de sua afetividade, será com muita probabilidade uma candidata à infelicidade e à amargura pela vida afora, faminta de afeto, desenvolvendo vínculos de dependência afetiva que a farão gastar suas energias na busca disso, sobrando pouco para viver por causas maiores.

Daí a importância e responsabilidade dos pais no sentido de favorecer um desenvolvimento equilibrado, oferecendo à criança um ambiente favorável a esse processo evolutivo. Pais que se preocupam demais com o futuro dos filhos, pensando, apenas, na conta bancária que vão dar de herança para eles, em detrimento do tempo que deveriam dedicar ao cultivo dos laços afetivos, no futuro vão lamentar o equívoco que cometeram. Os filhos saberão compreender os pais que não puderam deixar uma poupança bancária, mas dificilmente os perdoarão por não terem recebido aquilo que mais precisavam: o afeto e o carinho deles! Os filhos poderão ser ricos em posses e até mesmo bem formados culturalmente, mas, mesmo assim, serão infelizes se não aprenderam a amar! Dê o afeto que seu filho precisa no início de sua vida, e estará preparando uma pessoa realizada no futuro, rica na convivência com os outros e capaz de prover os bens materiais de que precisará para viver!

Subsídio para aprofundamento

Ver o documentário: *Os primeiros passos* (da Coleção Corpo Humano BBC – Parte 3), disponível em: www.dvdscientificos.com. br. Do nascimento à infância, novas técnicas de filmagem revelam o intrincado movimento de um bebê engatinhando. Descubra o fascinante surgimento da linguagem, da consciência, e entenda por que crianças de três anos já conseguem mentir e enganar os pais.

b) Criança (dos 3 aos 6 anos)

No tópico anterior falamos do desenvolvimento da afetividade da criança em torno dos 2-3 anos. Neste, vamos falar sobre o mesmo tema no que se refere à idade de 3 a 6 anos (aproximadamente). Nesse período a criança já caminha, já sabe comunicar-se pela fala e começa a ser mais independente em relação à mãe, pois passa a manifestar suas vontades com mais clareza e a protestar quando não lhe é permitido fazer o que quer. Ela envolve-se com outras crianças da vizinhança e principalmente com coleguinhas da pré-escola. Sua afetividade começa a ser marcada pela presença e pelas relações com os companheiros/as para executar tarefas, mas, sobretudo, para brincar, brigar, exteriorizar as emoções do momento. Sua satisfação se caracteriza pelo imediato; age em função daquilo que os estímulos que recebe lhe provocam em termos de satisfação ou insatisfação.

Como ainda não tem as capacidades cognitivas (capacidade de pensamento lógico) desenvolvidas, ela é extremamente reativa, age por impulsos. Sua afetividade é do tipo afetiva com os companheiros/as próximos para brincar. Se essas relações são vivenciadas por experiências positivas, isto lhe permite abrir caminho para a capacidade adulta de estabelecer relações solidárias e fraternas com os outros. A privação ou experiências negativas acentuadas nesse período, pode-se dizer, estão preparando um adulto egoísta, voltado só para si, e por isso mesmo candidato a ter relações difíceis nos ambientes em que vier a frequentar. Será avesso aos compromissos de solidariedade, e por isso facilmente excluído das relações sociais duradouras. Os outros o verão como alguém com quem não se pode contar, porque só pensa em si. Para a criança que for muito frustrada na vivência dessas relações, o mundo se apresentará muito restritivo, fechado, criando a sensação de que o que vale é o cada um por si e o resto não tem importância.

Pais muito protetores, que impedem a criança de se envolver em brincadeiras com crianças vizinhas ou coleguinhas de escola, reduzindo suas relações àquelas de dentro de casa, mesmo que tenham o intuito de preservá-las de perigos, na verdade, estão dificultando a vida futura de seus filhos. A criança vai compreender no jogo das relações, com as "vontades" dos coleguinhas, que, se quiser participar da "sociedade", precisa aprender a defender seus desejos, mas também a ceder, descobrindo que a necessidade de cooperação com os demais é fundamental para satisfazer seus desejos e sentir-se aceita pelos companheiros. Na relação com os outros a criança vai experimentar que precisa permitir ao colega brincar com seu carrinho ou sua boneca, para contar com ela no restante da brincadeira, senão corre o risco de ficar sozinha ou mesmo excluída da brincadeira com os demais. Esse aprendizado é importante para, no futuro, entender que é necessário respeitar também as vontades alheias e saber condividir não só os espaços, mas também a dimensão da amizade solidária tão necessária para uma vida humana digna de ser vivida.

Deixar a criança ser criança, eis um compromisso do adulto que quer educar. Aquilo que a criança vivencia vai repercutir na moldagem de sua psique e na maneira como vai lidar com sua vida e com a vida dos outros.

c) Adolescente (dos 10 aos 18-20 anos)

No tópico anterior abordei o desenvolvimento afetivo na criança até a pré-adolescência. Neste vou tratar de alguns aspectos da afetividade na adolescência. Essa fase vai mais ou menos dos 10-11 anos até 18-20 anos. É um tempo que se prolonga por, mais ou menos, dez anos. Nesse período acontecem grandes transformações na vida do adolescente. Entre os 6 e 10 anos há uma fase de calmaria. É um outono preparando-se para a primavera. Nesse momento a afetividade infantil vai cedendo espaço para novas experiências e um mundo novo se descortina. Vive-se com intensidade e a atividade lúdica prevalece sobre outros interesses. É uma fase em que se agrupam por identidades de gênero. Meninos com meninos, meninas com meninas. São rivais entre si. Preferem estar juntos com o seu grupo de gênero. Fazem a experiência do afeto com companheiros que os preparam para a vida solidária.

Na passagem para a adolescência, fisicamente há uma definição de seus traços característicos como homem ou como mulher, e em nível emocional faz experiências afetivas intensas. O início da adolescência é marcado pelas mudanças biológicas (fase da puberdade), que levam a um crescimento físico acentuado, com definições nas formas do corpo, e assinalam a chegada da maturidade sexual. Papel importante desempenha uma glândula endócrina chamada pituitária ou hipófise, devido à liberação de hormônios que estimulam as glândulas sexuais na secreção dos hormônios: andrógeno nos meninos e estrógeno nas meninas. Esses hormônios, além de levarem ao amadurecimento sexual, provocam em nível emocional alterações fortes no estado de humor, causando com frequência a impulsividade. Há grande quantidade de hormônios sexuais em circulação pela corrente sanguínea, que provocam excitações fortes, desejos e fantasias. É a fase em que ocorrem os apaixonamentos. Quando apaixonado, "esquece" os amigos, porque quer ficar perto de seu "objeto de paixão". É a fase da descoberta, da atração e do encantamento pelo sexo oposto. A afetividade desabrocha como primavera pujante. Sobra energia que o adolescente precisa extravasar em atividades físicas, esportes, lazer etc.

O companheirismo entre os adolescentes se torna um compromisso quase umbilical, pois isso lhes permite realizar aventuras que têm sabor de conquistas e provas de sua independência e competência. O mundo externo (fora de casa) se torna muito mais atraente, e o programa dos pais ou da família já não são mais importantes do que aqueles com os amigos. Estar com seu grupo é sinal de independência e autogestão. A autonomia é prova para si mesmos de seu crescimento (já não sou mais criança!). O amor pelos amigos e amigas parece superar o amor filial, e sentem mais gosto e interesse em ficar com os colegas do que com seus pais. Vivem uma afetividade intensa, carregada de emoções fortes. É a época em que têm também cenas de rebeldia, de descargas agressivas. Buscam emoções fortes (amam o "perigo"). Suas emoções e sentimentos tendem a prevalecer sobre a racionalidade. Não vivem tanto suas convicções, mas mais suas emoções. Vale o que sentem! Psicologicamente se mostram instáveis, com mudanças de humor repentinas; são capazes de grandes gestos de generosidade, como também de egocentrismo.

Um grande paradoxo acontece no adolescente: vive um conflito entre o desejo de se firmar com uma identidade única, própria, e uma vontade quase irresistível de ser como seus amigos ou amigas. Veste-se de maneira semelhante aos seus ídolos, cultiva hábitos parecidos, mas se ofende se alguém não o trata como indivíduo único. Nessa fase tende a prevalecer suas paixões. Já no final da adolescência as coisas começam a se acomodar e ele se volta para uma definição profissional com mais seriedade. Começa a abrir-se para perspectivas pessoais em relação à vida.

A adolescência é a porta que se abre para a juventude, que vai continuar por alguns anos até chegar à vida adulta.

Subsídio para aprofundamento

Ver o documentário: *A tempestuosa adolescência* (da Coleção Corpo Humano BBC – Parte 4), disponível em: www.dvdscienti ficos.com.br. O aumento do desejo sexual, o início da menstruação, a mudança na voz e a ação dos hormônios num divertido documentário que mostra uma das mais turbulentas fases da vida: a puberdade.

d) Jovem (dos 22 aos 30 anos)

Estamos tratando do desenvolvimento afetivo em suas diferentes etapas. Chegou a vez de falar sobre a afetividade do jovem adulto depois da fase da adolescência. O jovem (de 22-25 anos) que já passou pelas oscilações da adolescência começa a pensar com mais seriedade em seu futuro. Procura definir-se em relação à profissão que vai abraçar, torna-se mais estável em suas emoções, mais seguro em suas convicções. As aventuras adolescentes dão lugar à seriedade e ao realismo. Na área afetiva busca alguém não apenas para "ficar", mas alguém com quem quer estabelecer vínculos duradouros. É capaz de maior altruísmo, muito embora a pressão por vencer na vida, ter seu "lugar ao sol", o obrigue ainda a pensar muito em si e no seu futuro. Contudo, é mais compreensivo com os problemas humanos dos outros e capaz de renúncias em prol de alguém ou de uma causa.

Sua afetividade vai se desenvolvendo com o companheiro adulto. Já pode gerar novas vidas e responsabilizar-se pela vida de alguém, comprometer-se. Tem condições de integrar o amor "emocional" com o amor "racional". Unir desejos, com vontade e racionalidade. É capaz de fazer renúncias de algo bom para algo que considera melhor. Pode-se dizer que ele é aquilo que ama! Torna-se mais tolerante com as atitudes e conflitos dos outros, porque possui maior capacidade de lidar com os próprios conflitos. Sua vida caracteriza-se pelo assumir responsável. É capaz de estabelecer relações íntimas, criar amizades duradouras sem exclusividade; partilhar seus problemas, seus sucessos, suas aspirações e seus sentimentos profundos; comunicar ao outro, ao grupo de amigos, suas descobertas, conquistas, dores e alegrias. Supera com mais facilidade as crises de fechamento, isolamento. É mais sociável, menos resmungão. Gosta de divertir-se com os amigos, já pode impor-se limites, distinguir o que é saudável do que é prejudicial.

Isso tudo que acabei de dizer é o que se pode esperar de alguém que percorre as diferentes fases de seu desenvolvimento afetivo normal. Contudo, sabemos que as coisas nem sempre ocorrem dessa maneira. Se, por um lado, o que foi dito é o que se pode esperar no desenvolvimento normal da afetividade, por outro lado, as condições sociais, as pressões de grupo e outros fatores tendem a retardar o amadurecimento do jovem. Há jovens com quase 30 anos que ainda se debatem com problemas da adolescência. Em alguns aspectos é adulto, mas em outros manifesta comportamentos fixados em atitudes infantis e se revela ainda imaturo e frequentemente também irresponsável.

A aventura do desenvolvimento afetivo equilibrado é uma meta que nem todos alcançam. Contudo, uma coisa parece certa: o tempo de juventude, embora seja difícil defini-lo, é certamente onde se delineia de modo definitivo o futuro que está por vir. Trilhar o progressivo amadurecimento é uma tarefa que o jovem não pode delegar a ninguém. Ou ele aceita ser seu próprio protagonista, ou estará fadado a uma vida com pouco sabor, candidato permanente a desequilíbrios emocionais, dependente das decisões alheias.

Subsídio para aprofundamento

Ver o filme: *Minha vida* (My Life), de Bruce Joel Rubin, de 1993, disponível em DVD.

O filme mostra um casal jovem que vai ter seu primeiro filho. Coincidentemente descobrem que o marido está com câncer e com pouca chance de conhecer o filho. O homem então decide fazer um vídeo de sua vida para deixar para o filho, a fim de que o conheça.

Ao fazer isso volta às suas origens, revê lugares, pessoas e situações conflituosas que precisa superar para resgatar o verdadeiro sentido da vida e do amor.

e) Vida adulta (dos 31 anos em diante)

É quase crença comum que a pessoa adulta, por ter chegado à maioridade, seja capaz de estabelecer relacionamentos com outras pessoas de forma madura e estável, sem maiores consequências. Tem-se a ideia de que basta ter certo número de anos e isso é sinônimo de maturidade. Pode ser verdade em relação ao desenvolvimento físico. A pessoa atinge sua maturidade biológica em torno dos 25 anos, contudo, isso não significa necessariamente que ela também esteja madura emocional ou afetivamente. Pelo contrário, há várias pesquisas com rigor científico que apontam para uma porcentagem de 60 a 80% das pessoas normais, isto é, que não têm patologia, que são imaturas em algum aspecto de sua vida, mormente em relação à afetividade.

Isso não parece estranho se olharmos a realidade e examinarmos a qualidade das relações entre adultos. É frequente encontrarmos pessoas que não são capazes de suportar pequenas frustrações. Basta que alguém lhes diga ou insinue que é ciumenta ou invejosa, para logo perder a autoestima, criar "casos", esfriar as relações e tomar distância. Ou ainda há pessoas que vivem preocupadas com aquilo que os outros poderão pensar delas ou com o que vão dizer, denotando assim que são inseguras e precisam apoiar-se nos outros para manter um senso próprio, por isso não suportam desatenções. Reclamam facilmente de que "fulano passou por mim na rua e nem sequer me olhou", como se todo mundo devesse estar prestando atenção em todas as pessoas para notar a presença de conhecidos e fazer-lhe as devidas reverências.

Outros sinais de falta de maturidade são, por exemplo, aquelas atitudes que indivíduos mantêm em relação à vida. Estão sempre se queixando dela. Se fizer sol reclamam pela falta de chuva, se chove maldiz o tempo porque não faz sol. Estão em constante conflito com o mundo porque, na verdade, não estão contentes consigo mesmos. Falta algo que preencha seus espaços vazios.

A imaturidade afetiva é uma das causas mais frequentes de desentendimentos no âmbito familiar entre pais e filhos, entre marido e mulher, e também nas relações de grupo. Poderíamos perguntar pelas causas disso. São muitas e complexas, mas podemos apontar como hipótese geral que as deficiências no processo de desenvolvimento são responsáveis por grande parte desse problema. E essas deficiências ficam normalmente escondidas da pessoa. São processos inconscientes que ocultam as verdadeiras causas das inconsistências afetivas. Elas podem ser melhoradas se trazidas à consciência e reelaboradas. Coisa não muito simples de ser feita, porque dificilmente aceita. É mais fácil atribuir a causa dos problemas aos outros do que pagar o preço por uma maturidade humana mais sadia e realizadora.

Essa breve reflexão sobre o desenvolvimento humano no aspecto afetivo foi apenas para suscitar o problema, chamando a atenção para a importância de um autoconhecimento mais profundo, se quisermos viver nossas relações de forma mais equilibrada, estável e sadia.

Subsídio para aprofundamento

Ver o documentário: *Com o passar do tempo* (da Coleção Corpo Humano BBC – Parte 6), disponível em: www.dvdscientificos.com.br. Os seres humanos são os únicos mamíferos que vivem além do período fértil. Veja de perto a formação das rugas e saiba por que envelhecer nos torna tão vulneráveis a acidentes e doenças.

f) Velhice (quando a idade chega...)

Muita gente fala que a terceira idade é a melhor idade! Ela começa lá pelos 60-70 anos. Tempos atrás essa idade já era considerada velhice e quem estava nela tinha que se conformar em esperar a morte chegar! Hoje as coisas mudaram, a medicina e ciências afins oferecem condições para uma qualidade de vida mais saudável, que pode ser prorrogada até os 80-90 anos. Há muita gente se beneficiando dessa idade. Encontramos muitos grupos da terceira idade que se reúnem, fazem festas, serviços de voluntariado e outros programas. Contudo, nota-se também que há outros que vivem grande solidão. Sentem-se abandonados pelos familiares, e muitos são colocados em asilos e ficam lá esquecidos. Sofrem da falta de afeto, de carinho de seus familiares, e o prolongamento de suas vidas se torna um peso, às vezes, difícil de suportar.

A vida tem seus ciclos vitais e para cada momento há características próprias que precisam ser conhecidas para serem vividas de maneira satisfatória. Sabe-se, por exemplo, que com o passar dos anos as estruturas físicas se modificam, a cabeça também. É comum na terceira idade começar a se manifestarem os sintomas da falta de memória, os esquecimentos das coisas recentes. A pessoa lembra fatos do passado, mas não consegue lembrar o que aconteceu momentos atrás. Esse fenômeno não é em si doença, é um processo natural.

Os neurônios, responsáveis pelo armazenamento das informações, começam a morrer aos milhares diariamente. Aquelas conexões feitas com as informações recentes facilmente são perdidas pela quebra das sequências, e isso ocasiona a perda da memória daqueles fatos relacionados com essas conexões. Daí emergem as memórias mais profundas, e por isso o idoso recorda facilmente com detalhes o que aconteceu no passado.

Nosso cérebro, cuja massa encefálica pesa em torno de um quilo e quatrocentos gramas, contém cerca de 100 bilhões de neurônios, cada um deles podendo estabelecer milhares de conexões com outros neurônios através de seus axônios e dendritos ("braços e dedos"). As comunicações entre neurônios são feitas por reações químicas e elétricas que provocam as sinapses. É sabido que um quinto da energia física é consumida pela atividade cerebral. Em outras palavras, um quinto do que comemos é para alimentar o cérebro. A energia elétrica produzida no cérebro, se concentrada de uma vez, permitiria acender uma pequena lâmpada. É nessa cadeia complexa que são armazenadas nossas memórias e elas veem à tona quando algum estímulo externo ou interno desencadeia um conjunto desses processos neurais, e aí podemos recordar o que aconteceu. No caso do idoso, muitas dessas cadeias se desfazem pela morte dos neurônios, e daí se perde também a memória que estava conectada através deles.

Nesse período da vida, onde esses fenômenos acontecem, é preciso que se tenha o devido cuidado. É necessário aprender a conviver com as limitações físicas e mentais do idoso, e o cuidador (família) precisa ter compreensão em relação a ele. Nesse período os idosos se tornam mais vulneráveis e necessitados de afeto e atenção. É bom lembrar que hoje são eles que estão nessa condição, amanhã seremos nós! Por isso, cuidemos dos idosos, aprendamos com eles, que estão vivendo hoje aquilo que nos espera amanhã.

Subsídio para aprofundamento

Ver o documentário: *O fim da vida* (da Coleção Corpo Humano BBC – Parte 7), disponível em: www.dvdscientificos.com.br. Imagens inéditas revelam tudo o que acontece dentro do corpo no exato momento da nossa morte. Depois de assistir a esse documentário, você provavelmente verá a morte de outro ângulo.

Um ser teológico

Vamos tratar agora da pessoa humana cristã.

Para os cristãos, toda pessoa é filha de Deus; nasce segundo sua imagem e semelhança, conforme diz o livro do Gênesis 1,26. "Façamos o homem a nossa imagem e semelhança". Essa condição primeira nós a perdemos com o pecado de Adão e Eva. Ela nos foi restituída por Jesus Cristo, que se encarnou no meio de nós, fazendo-se semelhante a nós em tudo, menos no pecado. Nasceu de uma mulher, Maria, viveu sua infância como todas as crianças, acompanhou seus pais cumprindo as obrigações religiosas de ir ao Templo, frequentou a sinagoga. Tornou-se adulto e assumiu sua missão, chamando para acompanhá-lo discípulos que foram aprendendo dele e com ele o Evangelho e preparando-se, assim, para dar continuidade à missão de Jesus. Essa nossa maneira de crer nos torna diferentes de outras pessoas que creem em Deus ou deuses. Cristo para nós faz a diferença porque ele nos oferece uma "identidade" nova, a de cristãos! Quem aceita Cristo se compromete a seguir os seus ensinamentos e viver conforme a sua proposta. A Igreja, como legítima continuadora da obra de Jesus, continua através dos tempos a ensinar a Boa-Nova e a interpretá-la segundo as luzes do Espírito Santo.

A pessoa humana como ser teológico nos indica que seu fim último é a comunhão plena com Deus na vida eterna. É o que nos ensina o Evangelho. No Evangelho de João ele nos diz que Jesus fazia sinais (milagres) para que, vendo, se acreditasse e, crendo, se tivesse a vida eterna (Jo 20,30-31).

A antropologia cristã nos ensina que a pessoa humana tem dentro de si essa aspiração e capacidade de autotranscender-se; tem a capacidade de mover-se na direção do divino e nele encontrar a razão para sua vida. O objetivo final da vida, na perspectiva cristã, é a autotranscendência teocêntrica. Isto é, nossa meta final é chegar à comunhão com Deus no seguimento de Jesus. À medida que crescemos na autotranscendência, também nos vamos realizando como pessoas. Autorrealizar-se, antes de tudo, é autotranscender-se em Deus.

Como parâmetro do ser humano, tomemos como referência alguns aspectos da vida de Jesus.

Quem era Jesus enquanto ser humano

Vamos fazer uma pausa no estudo da pessoa humana e ver na pessoa de Jesus como aconteceram as coisas antes descritas. Ele é nosso paradigma enquanto ser humano, além de ser Deus.

Examinemos alguns traços da personalidade de Jesus. É só uma tentativa, pois seria muita pretensão querer enquadrá-lo em uma descrição. Contudo, algumas atitudes dele servem de parâmetro para exemplificar como seria o comportamento maduro de qualquer pessoa.

Os evangelhos nos contam que Jesus nasceu de uma família simples: seu pai adotivo era carpinteiro e sua mãe, uma jovem que lidava com as coisas cotidianas das mulheres da época. Como família, iam ao Templo todos os anos, conforme o costume, para as oferendas de pombinhos e rituais. Foi numa dessas ocasiões, no início de sua adolescência, que pregou um susto em seus pais. Estes pensavam que ele estivesse entre os demais que desciam de Jerusalém para casa, quando, na verdade, ficara no Templo discutindo as profecias de Isaías com os doutores da Lei. Tal fato causou espanto em seus pais e nos demais ouvintes, por causa de sua sabedoria. Depois de três dias foi encontrado por José e Maria, que, aflitos, o procuravam; porém, os acompanhou, submisso, continuando a crescer em estatura, sabedoria e graça diante de Deus e das pessoas.

Por longos anos não se tem notícia do que fez. Depois dos 12 anos, reaparece só aos 30, já como mestre que chama discípulos. Viveu depois só mais três anos, mas em tão pouco tempo causou uma verdadeira revolução, sem nunca ter pregado a violência ou usado armas.

Notamos em Jesus, enquanto homem, uma pessoa equilibrada por excelência. Mantinha-se firme em suas convicções, não abria mão por nada de sua missão de salvar as pessoas. Tinha um autocontrole total de si, sabendo lidar com a razão e as emoções como ninguém. Gozava de uma autonomia de causar inveja a qualquer sábio da época, e de uma sensibilidade que tocava os corações sem ferir ninguém e muito menos desonrar. Mantinha respeito pela liberdade das pessoas sem deixar de propor seu caminho e revelar a responsabilidade de cada um pela vida.

Nunca deixou alguém sem resposta, quando a ele se dirigiam em busca de ajuda. Sabia distinguir o pecado do pecador; a este incentivava a mudança de vida, com seu perdão devolvendo-lhe a paz.

Aliás, uma vez se enfezou e expulsou os vendilhões do Templo com chicote e virando suas bancas de moedas. Quanto a isso era intransigente, não suportava falsidade nem mentira em relação à casa de seu Pai. Aliás, isso foi sempre causa de conflitos entre ele e muitos fariseus e doutores da Lei. Contudo, jamais se deixava manipular pelas armadilhas que lhe armavam.

Deixou várias vezes os "sabichões" de queixo caído. Quando estes pensavam: "desta vez ele não escapa", eram surpreendidos por respostas desconhecidas dos manuais de doutorado que usavam. "Deem a César o que é de César, e a Deus o que é de Deus." Foi numa dessas ocasiões que os deixou furibundos; eles, sem argumentos, juraram-no de morte!

Jesus não fez "média" com ninguém. Aos arrogantes ou prepotentes, despedia de mãos vazias; aos humildes que o procuravam com fé, movidos pela certeza de sua misericórdia e compaixão, devolvia-lhes a saúde, o gosto pela vida e a certeza de abundância de bens eternos.

De vez em quando fazia algum milagre, mas não era para se gabar de seu poder ou supremacia, e sim *para que, vendo, cressem e, crendo, tivessem a vida eterna.*

Muitos se sentiram tão incomodados e ameaçados em suas vidas hipócritas que não suportaram vê-lo tão livre e decidido em sua missão de oferecer a todos "o ano da graça do Senhor", que nele se cumpria, conforme a profecia de Isaías. Tramaram então sua morte, forjando argumentos falsos, manipulando as leis e comprando por 30 moedas de prata um discípulo inescrupuloso. Este, com um beijo fora de hora, entregou-o aos soldados romanos. Em poucas horas fizeram um julgamento sumário e condenaram-no à morte de cruz. Morreu... Mas a morte não o reteve, ressuscitou!

SUBSÍDIO PARA APROFUNDAMENTO

Ver o filme: *O quarto sábio*, disponível em DVD em locadoras.

Sinopse: Artaban, filho de um rei da antiga Pérsia, procura nas Sagradas Escrituras o significado real da vida e descobre as profecias sobre Jesus, Rei dos reis. Artaban leva consigo três pedras preciosas para oferecer ao Messias e inicia, então, uma jornada através do deserto para encontrar-se com outros três reis magos e, com eles, ir ao encontro do Rei Jesus. Entretanto, não chega a tempo de encontrá-los. Por trinta e três anos, Artaban e Orantes procuram por Jesus. Sempre que estavam prestes a encontrá-lo, acontecia um imprevisto, e eles o perdiam. No decorrer do seu caminho, Artaban usa os presentes para ajudar pessoas com grandes necessidades, ficando sem nada para presentear a Jesus, quando o encontrasse. A história atinge seu clímax no domingo de Páscoa, quando Artaban, velho e morrendo, encontra o Rei Jesus e compreende finalmente o verdadeiro sentido da vida.

Questões para reflexão:

1. Com qual personagem do filme você se identificou? Por quê?

2. Qual cena foi mais marcante para você?

3. O que movia Artaban a se desfazer das pedras preciosas?

4. Destaque alguns valores encarnados por pelo menos cinco personagens do filme.

5. Segundo você, qual a mensagem central do filme?

Capítulo II

Desenvolvimento humano
(segundo os aspectos afetivo, cognitivo e moral)

Neste capítulo vamos conhecer um pouco de algumas teorias que procuram explicar nossos processos evolutivos. Escolhemos três teorias que juntas nos dão uma ideia do desenvolvimento humano sob três aspectos de nossa vida: o aspecto afetivo, o aspecto cognitivo e o aspecto moral. São três autores conhecidos que trazem uma contribuição significativa, embora nenhum deles esgote a questão, que é complexa e pode ser vista sob outros ângulos.

Vamos conhecer as abordagens sobre os processos de crescimento e desenvolvimento para a maturidade.

Evidentemente o tema do desenvolvimento afetivo, cognitivo e moral é por si só complexo e existem diversos enfoques sob os quais é estudado. Dada, porém, a impossibilidade de tratar de todos eles, vamos nos limitar às contribuições das teorias de Erikson, Piaget e Kohlberg, que parecem ser representativas, ainda que limitadas, do estudo desses três aspectos do desenvolvimento humano. Afigura-se que as três teorias gozam de certa aceitação geral e elas também de certo modo oferecem uma tratativa de aspectos diferentes, porém complementares entre si.

Erikson, por exemplo, considera o desenvolvimento para a maturidade como um processo constante, que vai passando por uma sucessão de estágios que englobam alternativas fundamentais dos vários conflitos básicos da vida humana. Em sua teoria essas passagens sucessivas abrangem oito estágios que vão da primeira infância até a vida adulta. Cada um deles tem um interesse central baseado em uma alternativa (conflito). A solução que consente à passagem harmônica de um estágio para outro está na base do crescimento para a maturidade. Assim, cada estágio tem seu conflito básico para resolver, até atingir a maturidade. Os oito estágios propostos por Erikson são: confiança x desconfiança; autonomia x vergonha e dúvida; espírito de iniciativa x senso de culpa; operosidade (*industry*) x sentimento de inferioridade; senso de identidade x confusão do eu; intimidade x isolamento; geratividade x esterilidade; integridade do eu x desesperação.[1]

Piaget, por sua vez, considera o desenvolvimento para a maturidade cognitiva segundo quatro períodos:

a) do desenvolvimento da inteligência sensório-motora (de 0 a 2 anos);

b) do pensamento pré-convencional, simbólico (dos 2 aos 7 anos);

c) das operações concretas (dos 7 aos 11 anos);

d) do pensamento formal (dos 11 aos 14 anos).[2]

---

[1] ERIKSON, H. E. *Infanzia e Societá*. Roma, Ed. Armando, 1966 (Título original: *Childhood and Society*. N. Y., W.W. Norton, 1963). Cf. também: *Identity and the Lyfe Cycle*. Psychological Issuer, 1959, 1, n. 1.

[2] PIAGET, J. *Psicologia della Intelligenza*. Firenze, Giunti-Barbera, 1952. Cf. também: *Lo Sviluppo Mentale del Bambino*. Torino, Giulio Einaudi Editrice, 1967. Cf. também: *La Formazione del Símbolo nel Bambino*, Firenze, La Nuova Itália, 1971. Cf. também: PIAGET, J. Piaget's Theory, in MUSSEN, P. H. (ed.). *Carmichael's Manual of Child*

Kohlberg considera o desenvolvimento do pensamento moral segundo seis estágios universais, agrupados em três níveis: o nível pré-convencional, o nível da moral convencional e o nível pós-convencional.[3]

A teoria de Erikson se caracteriza por centrar-se sobre o conteúdo do desenvolvimento em cada um dos estágios, isto é, *que coisa* (o quê) preocupa o indivíduo, ou qual problema básico ele deve enfrentar em cada um dos estágios (confiança, autonomia...).

Piaget e Kohlberg se ocupam do *modo* (modalidade) de raciocínio intelectual e moral que caracterizam o indivíduo em um dado estágio de seu desenvolvimento. É, portanto, uma impostação *estrutural*. Os seus estágios dizem *como* o indivíduo raciocina e julga.

Na teoria de Erikson a pergunta básica é "que coisa preocupa o indivíduo?". Enquanto nas teorias de Piaget e Kohlberg a pergunta básica é: "o indivíduo pensa seu problema de modo pré-convencional, convencional, formal...?".[4]

As abordagens desses autores (Erikson, Piaget, Kohlberg) nos permitem dimensionar e compreender melhor as possíveis áreas de condicionamentos e de que forma podem incidir sobre nossas escolhas vitais. Por exemplo, na relação criança/pais, não se realiza totalmente a experiência emotiva

---

Psychology. N.Y., 1969. Cf. também: PIAGET, J.; INHELDER, B. *La Psicologia del Bambino*. Torino, Giulio Einaudi, 1970.

[3] KOHLBERG, L. *The Psychology of Moral Development*., San Francisco, Harper & Row Publishers, 1984. Cf. também: *The Psychology of Moral Development*. Harper & Row Publishers, in MICHEL, T. *Cognitive Development and Epistemoly*, ed. T. Mischel, N. Y., Academic Press, 1971, pp. 152-235. Cf. também: KOHLBERG, L. Stage and Sequence. The Cognitive-development Approach to Socialization, in *Handbook of Socialization: Theory and research*, ed. D. A. Goslin, N.Y., Rand NcNally, 1969, pp. 347-480.

[4] RULLA, L. M.; IMODA, F.; RIDICK, J. *Struttura Psicológica e Vocazione, Motivazioni di Entrata e di Abbandono*. Marietti, 1977, pp. 25-26.

própria de cada estágio, com recíproca satisfação (seja porque a criança é excessivamente sensível e não se satisfaz com o quanto lhe é oferecido, seja porque os pais não cumprem o próprio papel ou não sabem satisfazer a excessiva sensibilidade do filho); parte das energias afetivas do sujeito são subtraídas do desenvolvimento e da conquista da vida deixados no inconsciente, à procura de tais satisfações emotivas que não pode gozar, ou às quais estava muito afeiçoado, no caso de satisfação exagerada. Tal "perda" emotiva ordinariamente pesará sobre o indivíduo para sempre (a menos que seja tratada adequadamente). Na verdade, a energia afetiva (encapsulada), não encontrando a possibilidade de exteriorizar-se corretamente, será inutilizável para os empenhos da vida, e além disso permanecerá como elemento inconsciente de distúrbio no interno do aparato psíquico, produzindo incongruências, descontentamento ou mesmo doenças psíquicas.[5]

Na tratativa que agora se seguirá, procuraremos apresentar com mais detalhes os conteúdos das três teorias em uma visão enquanto possível de conjunto, depois do que destacaremos algumas linhas de convergência entre elas e algumas observações críticas e conclusivas.

Etapas do desenvolvimento humano

A divisão por etapas do desenvolvimento humano, que aqui serão seguidas para dar uma certa visão de conjunto das três teorias, será usada como uma orientação, enquanto possa servir como esquema do referimento, ainda que tais etapas se articulem e se interpenetrem entre si, nem sempre em uma

---

[5] FILLIPI, L. S. *Maturitá Umana e Celibato*. Brescia, Editrice La Scuola, 1973, pp. 42-43.

rígida sucessão cronológica. Em si não há uma divisão homogênea que sirva para englobar os estágios segundo cada autor. Para facilitar uma aproximação, seguiremos uma divisão abrangendo as seguintes etapas, conhecidas como: infância, puberdade, adolescência, juventude e idade adulta.

1) Infância (do nascimento a ± 7 anos)

Muitos autores consideram esse período da vida humana como determinante daquilo que o indivíduo será mais tarde. Isto é, os primeiros anos de vida são decisivos para a formação da personalidade.[6]

Entre os defensores dessa posição estão os psicanalistas. Em geral, eles, seguindo o pensamento de Freud, concordam que a criança, até tornar-se adulta, passa por diversas fases evolutivas, mas afirmam que nos primeiros anos a criança desenvolve toda a estrutura da personalidade, não havendo depois grandes modificações. Em outras palavras o homem adulto está delineado já na infância.

a) Desenvolvimento afetivo (segundo Erikson)

Erikson, um neofreudiano, seguindo a ideia geral de Freud, concebeu uma teoria evolutiva distinguindo oito estágios de desenvolvimento, que se movem progressivamente para a realização do "eu", embora não conceba o crescimento humano como uma sucessão rígida, cronologicamente estabelecida; contudo, vê também como decisivamente marcante

---

[6] KLEIN, M. and AA. *Development in Psychoanalysis*. London, Hogart Press, 1952. Também: KLEIN, M. *Lê Cure Materne e Igiene Mentale del Fanciullo*. Firenze, Ed. Giunti, 1968. Cf. também: ISAACS, Susan. *Dalla Nascita ai sei Anni*. Firenze, Giunti-Barbera, 1982.

os três primeiros de seus oito estágios, que abrangem o período dos 0 aos 7 anos, mais ou menos.

✓ **Primeiro estágio: confiança x desconfiança**

No primeiro estágio, que vai do nascimento até mais ou menos dezoito meses, a criança é totalmente dependente dos outros (mãe e outros). Suas necessidades (comer, higiene, proteção etc.) devem ser satisfeitas pela mãe ou pessoa que toma conta dela. Tem sobretudo necessidade da presença da mãe e do seu contato físico. As fontes de satisfação da criança concentram-se sobretudo na mãe que a amamenta e lhe dá calor e segurança física. Erikson considera esse estágio de muita importância; o seio materno é um instrumento não só de fonte de nutrição, como também de comunicação de sensações agradáveis, de segurança, de atenções e de afeto. Essa fase é caracterizada pela necessidade de satisfação imediata, guiada pelo "princípio do prazer". Um retardamento sistemático da satisfação das necessidades pode ser danoso para a construção da personalidade da criança, pois é nessa fase que ela começa a adquirir uma atitude de confiança básica. A boca da criança é o principal meio de comunicação com o meio externo; ela ainda não distingue a si mesma da realidade externa, daí que se identifica com aquilo que vai à sua boca. Freud denomina essa fase de oral, onde o órgão "boca" é a porta de entrada de tudo aquilo que acontece de mais importante para a criança. Dessa experiência de satisfação ou não de suas necessidades é que, segundo Erikson, nasce a "confiança de base", a autoestima, que é a característica fundamental a ser adquirida neste primeiro estágio. "Ela (a criança) está então madura para a sua primeira conquista social, está pronta a renunciar sem angústia e sem ira à vista da mãe, por tê-la feito uma certeza interior mais que um objeto de espera. A certeza e a continuidade que são assim adquiridas, estabelecem um rudimentar sentido de identidade do eu."[7]

Essa "confiança de base" derivada dessa experiência, sobretudo transmitida pela mãe, pela qualidade de suas relações com a criança, constitui a base de um sentimento de identidade que mais tarde se combinará com o sentido de possuir a si mesma e tornar-se aquilo que os outros esperam dela. Nesse sentido Erikson diz que em termos de educação "os pais devem guiar os filhos não somente por meio de aprovações e punições, mas ser capazes de transmitir à criança uma convicção profunda e quase física de que aquilo que eles fazem tem um significado".[8] A criança que faz experiência agradável de ser objeto de amor dos pais adquire a capacidade de perceber a si mesma (a realidade) como boa, digna de confiança e de amor; no caso contrário, se perceberá como ruim, indigna de confiança e amor, sem valor e sem interesse – e consigo a realidade e a vida –, se não for satisfeita. Nessas relações se estabelecem os primeiros indícios para a maturidade ou imaturidade afetiva: a atitude de confiança de base em si, no mundo ou o sentimento de abandono, de estranheza e desinteresse, de sofrimento existencial.[9]

✓ **Segundo estágio: autonomia x vergonha e dúvida**

No segundo estágio, que vai até mais ou menos os 3 anos de idade, a criança que fisicamente cresceu e fortaleceu-se

---

[7]   ERIKSON, H. E. *Infanzia e Societá*. Roma, Ed. Armando, 1966, p. 231.
[8]   Ibidem, p. 253.
[9]   FILLIPI, op. cit., p. 45.

em sua musculatura começa a fazer as primeiras experiências de locomoção, iniciando um contato mais objetivo com a realidade. Ela começa a engatinhar, a ensaiar os primeiros passos, a tocar tudo o que pode. Progride assim pouco a pouco na diferenciação entre si mesma e o mundo que a circunda, começando assim a verdadeira relação social. É nessa época que também os pais passam propriamente a educá-la através de prêmios e punições, frequentemente de caráter afetivo. A criança começa a aprender o que pode e o que não pode fazer. Essa experiência dos primeiros passos é um "deter-se" e um "deixar-se ir". Segundo Erikson essas experiências podem transformar-se, no primeiro caso, em uma tendência cruel e destrutiva ou fundamento de virtude da providência; e no segundo caso, em uma tendência para a destruição ou serenidade diante das circunstâncias e coisas.[10] Por isso o cuidado sobre a criança, nesse período, deve ter sobretudo uma função de segurança, para que ela possa sentir-se confiante. "Do mesmo modo como é encorajada a 'Ficar em pé sozinha', os pais (o meio ambiente) devem protegê-la contra a experiência da vergonha e da dúvida arbitrária e sem sentido. Se (a criança) não é gradualmente guiada na direção da autonomia, ela voltará contra si mesma toda sua necessidade de discriminação e de manipulação."[11] Paralelamente ao fato de a criança fazer a aprendizagem de manter-se em equilíbrio e dar os primeiros passos, ela também começa a ser ensaiada a controlar os esfíncteres viscerais e retais. Os pais começam a ensinar normas de higiene. A capacidade de retardar a eliminação dos excrementos e a própria eliminação mesma dá à criança certo senso de

---

[10] ERIKSON, H. E. *Infanzia e Societá*, 1966, p. 235.
[11] Ibidem, p. 235.

satisfação psicofísica e de domínio sobre si, além do que os pais podem elogiá-la ou repreendê-la, e isso ter efeito de gratificação ou de punição.

Em relação a seu comportamento psicoafetivo e motor, dada a análoga semelhança com os esfíncteres, nos movimentos de contração/relaxamento, retenção/eliminação, Erikson chama essa fase de "anal-uretral-muscular". Se os pais e o meio ambiente educam a criança guiando-a sem excessos e sem atitudes impulsivas, a criança aprende a saber "deter-se" e "deixar-se ir", sem apegar-se em demasia a uma ou a outra modalidade, porque está devidamente satisfeita na sua dinâmica afetiva. Dessa maneira conquistará uma atitude de base de autonomia (diante das coisas e das situações), e isto a ajudará na adaptação à realidade. Com base nessa experiência, aprenderá o que pode e o que não pode fazer das próprias capacidades e dos próprios limites, dos seus direitos e dos outros. A atitude contrária dos pais, isto é, excessos de rigidez ou manifestações exageradas de raiva diante dos comportamentos da criança, introjetará uma atitude de base de medo, de dúvida, de vergonha excessiva, se não conseguir controlar os próprios estímulos.

A respeito dos procedimentos educativos dos pais (ou de outras pessoas influentes), Hoffman distingue três "técnicas" disciplinares. Vejamos uma breve discrição delas, que parecem ajudar a compreender de forma mais ampliada e diferenciada o quanto se disse acima a propósito das atitudes educativas dos pais. Hoffman as denomina de: "técnica do poder positivo", "técnica do retiro do amor" e "técnica da indução".

A "técnica do poder positivo" inclui a punição física, a privação de objetos materiais ou de privilégios, o uso da força ou mesmo a simples ameaça de um destes. O que sobressai nessa "técnica" é o fato de a mãe/pai procurar controlar a criança fazendo valer sobre ela o próprio poder físico ou o controle sobre as reservas materiais. Não se referem às reservas internas da criança (culpa, vergonha, dependência, amor, respeito), nem dá a ela as informações necessárias para o desenvolvimento de tais reservas. O genitor pune a criança material ou fisicamente ou reforça-lhe o medo de ser punida.

A "técnica do retiro do amor" caracteriza-se pela expressão direta, mas não física, com que o genitor mostra sua raiva ou desaprovação à criança que se comportou de modo não desejável. Por exemplo, ignorando a criança, dando-lhe as costas, recusando-se a falar-lhe ou escutá-la, afirmando de modo explícito não lhe querer bem, isolando-a, ameaçando deixá-la. Essa técnica tem um poder altamente punitivo. A criança não sofre nenhuma ameaça imediata física ou material, porém do ponto de vista emotivo pode ter um efeito altamente deletério, porque é ameaçada de abandono ou separação, coisas fundamentais para a criança. Os efeitos são muito mais prolongados do que os da "técnica do poder positivo", porque a criança não pode prever por quanto tempo durará a ameaça. O genitor pode saber quando esta termina, mas a criança pequena não, porque é totalmente dependente do genitor e por faltar-lhe a experiência de reconhecer que a atitude do genitor é temporária.

A "técnica da indução" é aquela pela qual o genitor dá explicações ou razões de por que a criança pode mudar de comportamento. Por exemplo, indica exigências requeridas das situações ou das danosas consequências que tal comportamento pode ter para a criança e para os outros. A técnica é mais uma tentativa de persuadir, convencer a criança de que deve mudar de comportamento segundo a maneira prescrita, do que punição pelo mau comportamento. Essa técnica se baseia menos sobre o medo da punição e mais sobre como ajudar a criança a conhecer e usar as próprias capacidades internas para compreender a necessidade da situação e agir consequentemente.[12]

✓ **Terceiro estágio: espírito de iniciativa x sentimento de culpa**

O terceiro estágio abrange os 3 aos 5 anos. Nessa época a criança começa a intensificar a tomada de consciência mais plena da realidade e a identificar-se com a figura do pai ou da mãe, isto é, com o genitor do mesmo sexo que deve coincidir com a escolha do sexo psíquico. É a fase em que as diferenças sexuais começam a se acentuar. Há o despertar do interesse pelo próprio sexo e a manipulação dos genitais. É assim chamada fase fálica. As atitudes dos pais em relação ao comportamento da criança são muito importantes, sobretudo ao permitir que a criança possa satisfazer sua própria curiosidade e iniciativa, ajudando-a, inclusive, a verbalizar a normal hostilidade que ela tem por eles, e ao mesmo tempo o amor. Ameaçando a criança ou fazendo-lhe constantes proibições, ela se habituará a sentir-se culpada. Se os pais em vez disso a ajudarem de modo adequado, ela desenvolverá uma atitude básica de iniciativa que a preparará para enfrentar as dificuldades da vida e empregar suas energias (agressividade) produtivamente, guiando os outros sem paternalismos ou autoritarismos, ou ainda em busca de reivindicatórias afetivas.

---

[12] OFFMAN, M. L. Moral Development, in MUSSEM (ed.). *Carmichael's Manual of Child Psychology*, J. Weley, N.Y., 1970, pp. 284-290.

Dentro desse período ocorre também com a criança o interesse pelo genitor do sexo oposto. Freud chamou esse interesse de complexo de Édipo, nome derivado do mito Édipo Rei, que mata o pai sem o saber e se casa com sua mulher, ignorando que era sua mãe. O menino, por exemplo, vê no pai um concorrente seu na disputa do amor da mãe; ele quer a mãe só para si e, nesse sentido, o pai torna-se um rival. Porém, ao mesmo tempo o menino admira o pai pela sua força e quer ser como ele. O mesmo acontece com a menina em relação à mãe. É a identificação com o genitor do mesmo sexo. Nesse estágio pode-se definir a criança com esta frase: "eu sou aquilo que imagino que serei". Ela é nesse momento imaginativa, curiosa, devido às suas novas conquistas facilitadas pela sua mobilidade. Pelo fato de poder caminhar, aumenta seu "território", descobrindo-o e explorando-o pelas "próprias pernas", e com o desenvolvimento da linguagem recebe e convive com novas imagens.

> ... em nenhum outro período da própria vida, a criança é assim disposta a aprender com rapidez e avidez e a crescer no sentido da codivisão de deveres, como nesse estágio. Ela deseja e se sente capaz de agir cooperativamente, de unir-se a outras crianças para construções e projetos de aprender dos mestres e de igualar determinadas ideias.[13]

b) Desenvolvimento cognitivo (segundo Piaget)

Segundo Piaget, o desenvolvimento cognitivo da criança começa com seu nascimento e vai até a vida adulta, e consiste num caminho em direção a um estágio de equilíbrio sempre maior. Piaget concebe o desenvolvimento como

---

[13] ERIKSON, H. E. *Infanzia e Societá*, 1966, p. 241.

passagem progressiva contínua de um estágio de menor equilíbrio para um superior. Cada novo estágio é caracterizado pela apariçáo de estruturas originais que se distinguem do estágio anterior. Há mecanismos funcionais comuns a todos os estágios. Cada açáo (movimento-pensamento-sentimento) responde a uma necessidade. Uma necessidade é sempre a manifestaçáo de um desequilíbrio. Por isso, a nova conduta consiste em restabelecer o equilíbrio perdido, porém com tendência a restabelecer-se em um nível superior mais estável. O desenvolvimento, portanto, vai se dando à medida que cada necessidade tende a incorporar as coisas e as pessoas na atividade própria do sujeito, isto é, num processo de "assimilaçáo" do mundo externo à estrutura já construída, readaptando esta em funçáo das transformaçóes sofridas num processo de "acomodaçáo" aos objetos externos. Piaget chama de "adaptaçáo" o equilíbrio entre assimilaçáo e acomodaçáo. Náo há assimilaçáo sem acomodaçáo e a acomodaçáo náo existe sem a simultânea assimilaçáo.[14] Ambos os processos estáo presentes em todas as atividades cognitivas, podendo variar de extensáo; há somente um relativo equilíbrio estável entre eles, pois sáo sempre móveis.

O desenvolvimento mental consistirá, portanto, numa progressiva organizaçáo através da assimilaçáo e acomodaçáo a uma adaptaçáo sempre mais precisa à realidade.[15] Piaget divide o processo de desenvolvimento cognitivo através de estágios sucessivos. Nos seus escritos, Piaget introduz periodizaçóes diversas. Por exemplo, em 1956[16] ele subdivide

---

[14] Ibidem, pp. 708-709.

[15] PIAGET, J. *Lo Sviluppo Mentale del Bambino*, Torino, Eunaudi Editore, 1967, pp. 11-16.

[16] PIAGET, J. Intelligence is Ultimate Goal, in DÉCARIE T. G. *Intelligence and Affectivity in Early Childhood*, N.Y., International University Press, 1965, p. 15 (veja apêndice I).

o *continuum* do desenvolvimento em três fases principais: a fase sensório-motora (até ± 2 anos); a fase de preparação para o pensamento conceitual (dos 2 aos 11 anos, aproximadamente); e a fase do pensamento cognitivo (dos 11 aos 12 em diante).

Neste capítulo faremos referência a outra classificação,[17] que comporta a seguinte subdivisão:

1. desenvolvimento da inteligência sensório-motora;

2. do pensamento pré-convencional, simbólico e intuitivo;

3. das operações concretas;

4. do pensamento formal.

- Inteligência sensório-motora (do nascimento até ± 2 anos)

O período que vai do nascimento até mais ou menos 2 anos consiste na conquista de todo o universo prático que circunda a criança por meio da percepção e do movimento. Essa assimilação sensório-motora do mundo externo imediato é uma "revolução copernicana" em miniatura.[18] O desenvolvimento acontece através da referência que o bebê faz de tudo a partir de si mesmo (de seu próprio corpo), para chegar ao final dos 2 anos a uma primeira separação entre ele e os objetos externos.

Do ponto de vista do desenvolvimento da inteligência, pode-se distinguir três fases nesse período: dos reflexos, da organização da percepção e hábitos, e da inteligência sensório-motora.

---

[17] PIAGET, J. *Lo Sviluppo Mentale del Bambino*, 1967, pp. 11-16.
[18] Ibidem, p. 17.

Ao nascer, a atividade da criança se reduz à estrutura reflexa, à coordenação sensorial e motora hereditariamente determinada, que corresponde às tendências instintivas, como alimentar-se, dormir etc. O mundo do bebê é essencialmente uma realidade a ser "sugada", "mamada", que corresponde ao ato de sugar o seio materno.

Pouco a pouco a criança começa a perceber os ruídos, move a cabeça em direção ao barulho ou segue com a vista um objeto em movimento do ponto de vista perceptivo; a partir da quinta semana, a criança começa a sorrir, reconhece algumas pessoas, distinguindo-as de outras. Entre os três e seis meses passa a aprender aquilo que vê e aumenta a manipulação dos objetos, e isso lhe possibilita a formação de hábitos. Ao movimento novo advindo desses novos hábitos Piaget chama de "reação circular",[19] que desenvolve uma função essencial no desenvolvimento sensório-motor, representando uma forma mais evoluída de assimilação.

A inteligência sensório-motora ou inteligência prática é anterior ao aparecimento da linguagem. Ela se baseia na manipulação dos objetos. Para isso, a criança usa a percepção e movimentos organizados em "esquemas de ação".[20]

No início da evolução mental a criança não faz diferença entre seu "eu" e o mundo externo. Essa separação se dá através de quatro processos fundamentais: as construções de categorias, de objeto e espaço, de causalidade e de tempo.

No final do primeiro ano os objetos são procurados fora do campo perceptivo, começando assim a exteriorização do mundo. Durante o segundo ano de vida, a criança reconhece as relações de causalidade dos objetos entre si, isto é, torna-se capaz de objetivar e espacializar as causas. Para

---

[19] Ibidem, p. 19.
[20] Ibidem, p. 19.

Piaget, a evolução da afetividade, durante os dois primeiros anos, se dá junto com o desenvolvimento cognitivo. A afetividade e a inteligência são indissolúveis, são aspectos complementares. Os estados afetivos dependem da ação do sujeito, e não da consciência de relações existentes com as outras pessoas. A afetividade, nesse período, é egocêntrica.

Na teoria psicanalítica, esse estágio elementar da afetividade é conhecido como "narcisismo"; contudo, Piaget diz que é um "narcisismo" sem Narciso, isto é, sem uma verdadeira e própria consistência pessoal. Com o desenvolvimento da inteligência e a elaboração de um mundo externo, sobretudo com a construção do esquema do "objeto", o nível da afetividade se caracteriza pela "escolha do objeto", isto é, pela objetivação dos sentimentos. A "escolha" (afetiva) do objeto relaciona-se primitivamente com a figura da mãe (positiva ou negativamente), do pai, dos parentes, das pessoas que lhe são próximas. Aqui têm origem a simpatia e antipatia, que se desenvolverão amplamente nos períodos sucessivos.[21]

- Pensamento pré-convencional, simbólico e intuitivo (dos 2 aos 7 anos)

Com o aparecimento da linguagem, a conduta da criança se modifica profundamente, tanto afetiva como intelectualmente. Graças à linguagem, a criança torna-se capaz de reconstruir as ações passadas em forma de recontos e de antecipar a ação futura com a representação verbal. Daí se seguem três fatos importantes:

1) a possibilidade de troca entre ela e outras crianças, por exemplo: intercâmbio de brinquedos. É o início da socialização da ação;

---

[21] Ibidem, pp. 16-25.

2) a interiorização da palavra, isto é, a aparição do pensamento propriamente dito, que tem como base a linguagem interior;

3) o sistema de sinais (símbolos). Em outras palavras, é a interiorização da ação como tal.

Da ação puramente perceptiva e motora, passa para o plano intuitivo das imagens e das "experiências psíquicas". Do ponto de vista afetivo, a criança desenvolve sentimentos individuais (simpatia, antipatia, respeito); é uma afetividade interior.

O aparecimento da linguagem permite também à criança uma troca e uma comunicação contínua entre indivíduos. Com a palavra, a criança socializa a vida interior como tal e a constrói conscientemente à medida que começa a ser susceptível de comunicação. Com a linguagem a criança descobre um mundo de realidade superior a ela. Seus pais e os adultos que a cercam se revelam como seres que têm pensamentos e vontade, tornaram-se modelos que a criança tentará copiar ou igualar-se. Nesse período a criança começa a transformar, pelo contato com os adultos e com outras crianças, sua conduta concreta em pensamento. Porém, como ainda está muito ligada às ações concretas em si, quando tenta dar explicações aos outros, fala como se fosse para si mesma. É um "monólogo". Essa característica aparece claramente nos jogos coletivos, ou jogos com regras. "A criança não fala somente aos outros, fala também para si mesma, com monólogos variados que acompanham os seus jogos e a sua ação."[22]

A linguagem permite à criança recordar as próprias ações, e assim reconstruir o passado, evocar condutas

---

[22] Ibidem, p. 29.

anteriores sem a presença do objeto que estava envolvido, e antecipar as ações futuras. Para Piaget aqui se dá a origem do pensamento.[23] A linguagem, enquanto leva à socialização das ações, dá origem também aos atos de pensamento, e, portanto, é também veículo de transmissão de conceitos e noções que são comuns a todos; em outras palavras, num sistema de pensamento coletivo.

Entre os 2 e os 7 anos ocorre a transmissão de duas formas de pensamento: a primeira é aquela do pensamento de incorporação (assimilação pura), em que o egocentrismo exclui a objetividade; a segunda é aquela do pensamento adequado aos outros e ao real (que prepara o pensamento lógico).

A primeira forma é caracterizada pelo jogo simbólico (puro exercício, onde agem somente o movimento e a percepção), ou de imaginação e imitação. "O jogo não é uma tentativa do sujeito de submeter-se ao real, mas o contrário, uma assimilação deformada do real ao eu."[24]

A segunda forma caracteriza-se pelo pensamento intuitivo. A criança a partir dos 3 aos 4 anos começa a fase dos "porquês" (a palavra "porquê" está sempre em seus lábios), aumentando de frequência em torno dos 7 anos. O "porquê" da criança significa ao mesmo tempo qual a finalidade e qual é a causa da ação que se está desenvolvendo. Para ela, as coisas (objetos) são como se fossem vivas. Isto é, ela tende a conceber as coisas como viventes e dotadas de intencionalidade. Tal animismo resulta de uma assimilação das coisas à própria atividade. O animismo e o finalismo exprimem uma confusão entre

---

[23] Ibidem, p. 30.
[24] Ibidem, p. 31.

o mundo interior (subjetivo) e o universo físico (externo). "O pensamento é para a criança uma voz que está na boca."[25]

Até os 7 anos, mais ou menos,

> a criança é ainda um ser pré-lógico, supre a lógica pelo mecanismo da intuição, simples interiorização das percepções e dos movimentos sob forma de imagens representativas e de experiências mentais, sem ainda uma coordenação racional.[26]

Também na vida afetiva, ligada à inteligência e ao pensamento, se desenvolvem os sentimentos interindividuais (afetos, simpatia e antipatia), ligados à socialização das ações, ao aparecimento dos sentimentos morais intuitivos e à organização de interesses e valores. Em síntese, pode-se dizer: os interesses, autovalorizações, valores interindividuais espontâneos e valores morais intuitivos parecem ser as principais cristalizações da vida afetiva neste nível de desenvolvimento.[27]

Do ponto de vista do desenvolvimento moral, nesse período da infância ainda não existe propriamente racionamento de moralidade, pois a criança não tem uso de nenhum tipo de lógica. A este período Kohlberg chama de estágio zero, apresentado simplesmente como uma definição: "o bem é aquilo que me parece e me dá prazer".[28]

2) Puberdade (dos 7 aos ± 11 anos)

a) Desenvolvimento afetivo (segundo Erikson)

Retomando os estágios de Erikson, do ponto de vista do desenvolvimento afetivo, esse é o período da "latência".

---

[25] Ibidem, p. 35.
[26] Ibidem, p. 38.
[27] Ibidem, p. 46.
[28] KIELY, B. *Psicologia e Teologia Morale*. Ed. Marietti, 1982, p. 64.

Na classificação de Erikson, esse é o quarto estágio, ou seja, do conflito básico da operosidade x inferioridade.

✓ Quarto estágio: operosidade x inferioridade

É a idade da escolarização primária, e como tal há uma intensificação no processo de socialização. A criança está fortemente motivada para desenvolver suas habilidades de fazer coisas, também chamada atitude básica da produtividade, que se manifesta pelo entrosamento com o grupo de companheiros. Ela encontra satisfação na consecução dos trabalhos escolares e o faz mais motivada por isso do que por esperar recompensa ou punição. Pode-se definir a criança com este *slogan*: "eu sou aquilo que estou aprendendo". Nesse período ela desenvolve o sentido de diligência (industrialidade – criatividade), isto é, adapta as leis inorgânicas do mundo dos instrumentos. Torna-se uma unidade vivaz e participante de uma situação produtiva.[29] O perigo que a criança encontra nesse estágio é constituído por um eventual sentido de inadequação e inferioridade, sobretudo se os estágios precedentes não foram adequadamente superados. Freud chama esses períodos de "latência", porque os impulsos agressivos são normalmente absorvidos. Porém, é uma "calmaria" temporária.

Para o desenvolvimento social da criança, este estágio é extremamente importante: a partir do momento que a operosidade (diligência) implica fazer as coisas independentemente dos outros e com os outros, começa a desenvolver-se o sentido da divisão do trabalho.

---

[29] ERIKSON, H. E. *Infanzia e Societá*, 1966, p. 242.

Se a maturação nos estágios precedentes não se deu adequadamente, pode-se estruturar neste estágio uma atitude de inferioridade, isto é, um sentimento de descrédito nas próprias capacidades, de dificuldade de integrar-se ao grupo, com tendência ao isolamento, à rivalidade, à inveja, à desvalorização dos outros etc.

É importante a atitude dos pais e educadores no sentido de que devem encorajar a socialização da criança, incentivando-a a participar das atividades com outras crianças, servindo-lhe de apoio para sua expansividade, mantendo uma serena compreensão das suas possíveis falhas e também firmeza não rígida sobre o quanto exigem da criança; coerentes, porém, com quanto dizem e fazem.

b) Desenvolvimento cognitivo (segundo Piaget)

Do ponto de vista do desenvolvimento cognitivo, a idade dos ($\pm$) 7 anos, segundo Piaget, é um período decisivo também para o desenvolvimento mental.

* Operações concretas

A criança nessa idade começa a liberar-se do egocentrismo social e intelectual e torna-se capaz de novas coordenações. Agora, antes de agir, pensa e começa a conquistar a difícil tarefa da reflexão. Quanto ao desenvolvimento da inteligência, iniciam-se as operações lógicas. A criança começa a contar. Em torno dos 9 anos é capaz de distinguir o peso dos materiais e pelos 11-12 anos, de entender o esquema explicativo de volume. O todo torna-se explicável pela composição das partes, e esta supõe, portanto, operações concretas de divisão, de unificação. A passagem da intuição à lógica ou às operações matemáticas se efetua nesse período com a construção de reagrupamentos e grupos.

Para Piaget, quanto à afetividade, essa fase caracteriza-se pela aparição de novos sentimentos morais e, sobretudo, pela organização da vontade, que leva a uma melhor integração do eu e da regularização mais eficiente da vida afetiva. Os novos sentimentos que surgem de cooperação entre as crianças consistem, sobretudo, no respeito recíproco. Isso conduz a novas formas de sentimentos morais, distintos da primitiva obediência externa. As "regras do jogo" podem ser frutos da expressão de uma vontade comum, de um acordo entre "os jogadores". A "regra" é respeitada não porque é resultado de uma vontade externa, mas porque é resultado de um acordo explícito ou implícito entre os participantes do jogo. É nessa época que surge um senso de justiça distributiva, fundada sobre a estreita igualdade, que leva em conta a intenção e as circunstâncias de cada um mais que a concretude das ações. Isso conduz a uma nova organização dos valores morais. A honestidade, o sentido de justiça e a reciprocidade em geral constituem um sistema racional de valores pessoais. Nos últimos anos desse período, a heteronomia começa a ceder lugar à autonomia. Graças ao jogo de cooperação unido a uma maior maturidade cognitiva, a criança vê as regras como produto do mútuo consenso, e ela desenvolve a capacidade de raciocinamento abstrato, e nesse ponto assume grande importância a codificação das regras.

Outros detalhes sobre o desenvolvimento moral desse período podemos ver nos estudos de Kohlberg.

c) Desenvolvimento moral (segundo Kohlberg)

Kohlberg, durante mais de 20 anos,[30] trabalhou em pesquisas sobre o modo de racionamento moral das pessoas. Suas conclusões permitiram-lhe organizar o desenvolvimento moral numa sequência de estágios que o indivíduo vai assumindo à medida que progride no julgamento moral. Suas pesquisas se realizaram, sobretudo, a partir de testes organizados segundo histórias que propunham dilemas para serem resolvidos. Com base em tais dilemas, eram feitas perguntas para descobrir as razões pelas quais o indivíduo recomendava determinada solução para o dilema proposto. Para Kohlberg não interessava o que a pessoa fazia, quanto ao comportamento moral externo, pois este não diz muito sobre a maturidade moral. O que faz a diferença, quanto à maturidade moral, são as razões dadas a respeito do porquê uma ação é certa ou errada.[31]

De cada resposta dada aos dilemas, eram individualizados cada juízo emitido em um "que coisa" e em um "porquê". Isto é, qual objeto-valor estava em jogo e qual a norma que o indivíduo punha como razão para justificar sua escolha: o bem externo e a norma interna.[32]

Kohlberg definiu seis estágios que se desenvolvem hierarquicamente do menor para o maior, de tal maneira que cada estágio tem características próprias e forma um todo.

---

[30] KIELY, op. cit., pp. 60 e 85. Cf., também, DUSKA, R.; WHELAN, M. *Lo Sviluppo Morale Nell' Età Evolutiva, una Guida a Piaget e Kohlberg*. Marietti, 1979, p. 58. Obs.: A pesquisa inicial de Kohlberg foi feita com 50 americanos do sexo masculino, com idade entre 10 e 15 anos, os quais foram entrevistados a cada três anos até a idade de 25-30 anos. Para maiores detalhes sobre o método da pesquisa, cf. KIELY, op. cit., pp. 61-62.

[31] DUSKA, R.; WHELAN, M. *Lo Sviluppo Morale Nell' Età Evolutiva, una Guida a Piaget e Kohlberg*. Marietti, 1979, p. 59.

[32] KIELY, op. cit., p. 62.

Os seis estágios se desenvolvem dentro de três níveis de raciocínio moral definidos como pré-convencional, convencional e pós-convencional. Os estágios se correlacionam da seguinte maneira: cada estágio é qualitativamente diferente dos demais; sucedem-se um ao outro em uma sequência invariada; cada um tem uma lógica interna coerente, de tal maneira que forma um "todo estruturado"; cada estágio assume e transforma o estágio precedente.[33]

- Nível pré-convencional

No nível pré-convencional o indivíduo volta-se para as regras culturais do bem e do mal, do certo e do errado, mas a interpretação que dá a elas é com base nas consequências que podem ter para ele, isto é, se isto lhe trará recompensa ou punição, ou troca de favor (consequências físicas), ou ainda baseado no poder físico de quem comunica as regras. Pode-se dizer que o indivíduo está preocupado exclusivamente com seus interesses pessoais. Dentro desse nível pré-convencional, Kohlberg distingue dois estágios.

Estágio 1 – Heteronomia

A característica desse estágio é a orientação para punição e obediência. A bondade ou malícia de um ato é determinada pelas consequências físicas do ato em si mesmo, independentemente do significado humano ou do valor destas consequências. Evitar a punição e a submissão indiscutível a quem tem o poder é avaliada em si mesma, não por força do respeito a uma ordem moral subjacente e

---

[33] Ibidem, p. 63.

mantida através da punição e da autoridade. O indivíduo é condescendente com quem tem o poder para evitar a punição. Ele não reconhece que os interesses dos outros possam ser diferentes dos seus. Sua perspectiva é "egocêntrica", contudo, não egoísta, isto é, tende a confundir a perspectiva da autoridade com a sua. A consciência é medo da punição física.[34]

Estágio 2 – Orientação instrumental relativista

A ação justa é aquela que, de modo instrumental, satisfaz as próprias necessidades e ocasionalmente as dos outros. As relações humanas são vistas em estilo comercial. As normas e expectativas da sociedade são vistas ainda como externas ao "eu", estabelecidas mais pela sociedade do que por "ele". Estão presentes nas relações elementos de justiça, de reciprocidade e distribuição igualitária, mas sempre interpretados de modo pragmático e físico. A reciprocidade consiste em: "eu" coço suas costas e você coça as minhas; não como lealdade, gratidão ou justiça.[35]

Neste estágio, agir bem significa servir as próprias necessidades e interesses em um mundo onde se deve reconhecer que os outros têm interesses e necessidades diversas das suas. Os conflitos pela troca de bens concretos. Os bens concretos são relativos às necessidades do indivíduo. Como os indivíduos podem ter necessidades diferentes, a moralidade é definida por cada um. A moral é relativa.

---

[34] Ibidem, p. 65.
[35] KOHLBERG, L. *The Philosophy of Moral Development*. San Francisco, Harper & Row, Publishers, 1981.

3) Adolescência (dos 11-12 aos 15-16 anos)

a) Desenvolvimento afetivo (segundo Erikson)

Para Erikson o período da adolescência corresponde ao seu quinto estágio, que se caracteriza pelo conflito de base do senso de identidade x confusão do "eu" (dispersão).

✓ **Quinto estágio: identidade x confusão do "eu"**

Aos 11-12 anos começa uma importante fase da maturação psíquica, é a assim chamada fase da pré-adolescência, que dura até mais ou menos 15-16 anos. É a idade de transformações físicas acentuadas. A crise hormonal desencadeia um desenvolvimento orgânico e intelectual, e o jovem entra numa certa crise de identidade diante de tudo o que adquiriu até o presente momento de seu desenvolvimento. Ele está em plena evolução e em plena revolução fisiológica, preocupa-se sobretudo com a relação entre aquilo que os outros veem nele e aquilo que ele sente ser, e com o problema de como unir as capacidades adquiridas antes com seus ideais profissionais. O perigo que o ameaça é a confusão a respeito do próprio papel (*role diffusion*). É sobretudo a incapacidade de escolher (definir) uma identidade profissional que o perturba. Para poder dar-se um sentido de unidade, procura identificar-se temporariamente, de maneira quase desesperada, com os heróis de grupos de massa, até confundir-se em tudo, na aparência, nos gestos, nos costumes, no uso de *slogans* etc. Esse estágio é marcado também pelas "paixões amorosas". O amor dos adolescentes é em grande parte uma tentativa de definir a própria identidade por meio da projeção da imagem confusa do próprio "eu" sobre a outra pessoa, a fim de ver-se refletido nela e progressivamente se perceber mais claramente. Para o jovem (adolescente) amar nesta situação quer dizer sobretudo conversar.[36] Ele deseja ser aceito no mundo dos adultos; às vezes, se sente rejeitado e se refugia em atitudes infantis. Como em geral está numa fase em que não superou ainda de maneira harmônica as fases precedentes, permanece nele atitudes negativas e assume atitudes de protesto e contestação. Nesse momento de sua vida pode ser presa fácil de correntes ideológicas.

> Na sua busca de nova continuidade e identidade, o adolescente deve reacender muitas lutas dos anos precedentes. Ele está sempre pronto a escolher ídolos ou ideais que sancionem e protejam a identidade que lhe é proposta.[37]

Se o adolescente superou as fases precedentes adequadamente e for bem orientado nesta fase, tomará consciência pouco a pouco de sua própria identidade, de seu projeto de vida (vocação) e de seu papel social, tornando-se ciente de suas capacidades, de seus direitos e deveres, inclusive os sexuais. Na relação com os outros, com os adultos, de modo particular com os pais, é importante o diálogo positivo, isto é, ouvir com a devida atenção suas legítimas preocupações e inquietações e guiá-lo na conquista da própria liberdade. Em geral o adolescente procura mostrar-se seguro de si, capaz de transformar o mundo, independente de toda autoridade. Contudo, no fundo ele está tremendamente inseguro. É importante saber apoiá-lo e orientá-lo sadiamente no crescimento da autoconfiança e na descoberta de seus dotes e valores pessoais, para que possa definir-se na sua identidade pessoal.

---

[36] ERIKSON, H. E. *Infanzia e Società*, 1966, p. 245.
[37] Ibidem, p. 244.

b) Desenvolvimento cognitivo (segundo Piaget)

• Operações formais

Para Piaget, a idade da adolescência é a fase das operações formais. É o período onde o indivíduo constrói sistemas e teorias. É a passagem do pensamento concreto ao formal, ou "hipotético-dedutivo". O pensamento concreto é a representação de ação possível.[38] As operações formais conferem ao pensamento um poder novo que o torna capaz de destacar-se e livrar-se do real, e construir reflexões e teorias. Há uma espécie de emancipação do pensamento. O adolescente tem uma atividade livre de reflexão espontânea. É uma espécie de egocentrismo intelectual. Isso se manifesta na convicção da onipotência da reflexão à realidade, como se o mundo devesse submeter-se aos sistemas e não os sistemas à realidade. O "eu" é bastante forte para reconstruir o universo e bastante grande para incorporá-lo. Contudo, pouco a pouco, o adolescente estabelece o equilíbrio, quando pela reflexão compreende que a própria função da inteligência não é a de contradizer, mas sim de perceber e interpretar a experiência. É então que ele se torna capaz de fazer a dedução racional e de com isso atingir as assim chamadas "operações formais". Ao mesmo tempo que essas elaborações ocorrem em nível de pensamento, a vida afetiva do adolescente se afirma no sentido da conquista da personalidade e de sua inserção na sociedade adulta. A conquista da personalidade (Identidade de Erikson) supõe que o pensamento formal é essencial na organização do programa de vida,[39] que é ao mesmo tempo origem da disciplina pela vontade e instrumento de cooperação.

---

[38] PIAGET, J. *Lo Sviluppo Mentale del Bambino.* Torino, Eunaudi, 1964, p. 71.
[39] Ibidem, p. 74.

O adolescente, em virtude de sua personalidade "in fieri", se coloca em igualdade com os mais velhos, mas se sente diferente deles pela vida nova que o agita. Daí que tem ideias revolucionárias e quer resolver todos os problemas do mundo. Seu "projeto de vida" está cheio de sentimentos generosos, projetos altruísticos, fervor místico, tempestividade, e uma certa megalomania e egocentrismo consciente. O adolescente se atribui uma função essencial na salvação da humanidade e organiza o próprio programa de vida em função de tal ideia.

> O sentimento religioso do adolescente é algo como se ele tivesse feito um pacto com Deus, empenhando-se em servi-lo sem reservas, mas pensando de ter consigo mesmo uma função decisiva de cuja causa se torna defensor.[40]

Em nível social, a sociedade que interessa ao adolescente é aquela que ele quer reformar: "A sociedade do adolescente é sobretudo a sociedade da discussão".[41] O mundo é construído em comum, em torno de um certo consenso de que a sociedade necessita absolutamente de reformas.

A autêntica adequação à realidade acontecerá quando o "adolescente reformador" tornar-se realizador. A experiência reconcilia o pensamento formal com a realidade das coisas e, assim, o engajamento em um trabalho efetivo e contínuo ressitua todas as fantasias e ele começa então a viver com os "pés no chão" da realidade concreta de cada dia, não sem contradições e tensões, contudo, capaz de enfrentá-la com mais realismo.[42]

---

[40] Ibidem, p. 76.
[41] Ibidem, p. 77.
[42] Ibidem, p. 78.

4) Juventude (dos 16-17 até ± 21 anos)

a) Desenvolvimento afetivo (segundo Erikson)

Para Erikson, com o início da juventude começa o sexto estágio, que é caracterizado pelo conflito de base: intimidade x isolamento.

✓ **Sexto estágio: intimidade x isolamento**

Ao atingir a idade juvenil o indivíduo caminha mais decididamente em direção à maturidade. Se os estágios precedentes foram superados com suficiente harmonia, nesta fase o jovem será capaz de estabelecer relações mais profundas e duradouras com as outras pessoas. Será capaz de amar, de produzir, de se comunicar com os outros, dando-se e recebendo dos outros. Estabelece um equilíbrio entre o amor e o trabalho.

No campo psicossexual, terá também atingido a maturidade, isto é, a capacidade de exprimir-se em uma relação de heterossexualidade recíproca. Estará apto a doar-se física e espiritualmente em matrimônio, como recíproco enriquecimento em vista da comunhão e procriação. O perigo implícito neste estágio é que as relações de intimidade, de competição e de combatividade sejam experimentadas de modo despropositado e como busca somente do prazer e autossatisfação. Rigorosamente falando, diz Erikson: é somente neste momento que pode desenvolver-se plenamente uma real genitalidade, pois grande parte da vida sexual, que precede este estágio, pertence de fato ao âmbito da busca de identidade, ou então é dominada por tendências fálicas ou vaginais que a tornam semelhante a uma luta. Por outro lado a genitalidade é grandemente descrita como uma condição permanente de recíproca felicidade sexual.[43] Contudo, afirma que:

> Para haver um sólido significado social a utopia da genitalidade deve realizar a reciprocidade no orgasmo com um objeto amado do outro sexo, no qual se tenha confiança plena e com o qual se possa e se queira repartir o próprio ciclo de procriação, de trabalho, de recriação, de maneira que possa assegurar também um desenvolvimento satisfatório dos filhos.[44]

Nesse estágio, portanto, o jovem deverá ter conquistado e consolidado a atitude básica da intimidade e solidariedade com os outros. Caso contrário, se fechará no isolamento, na busca de compensações e reivindicações. Por exemplo, a procura de prazeres sexuais como forma de compensar a própria incapacidade de entrar em comunhão com os outros, ou encontrar na mulher ou no homem uma mãe ou um pai substituto, porque não conseguiu resolver nos estágios precedentes a dependência afetiva destes.

b) Desenvolvimento moral (segundo Kohlberg)

Com a idade juvenil, o indivíduo deverá estar apto para fazer juízos morais dentro do nível convencional.

• Nível convencional

Neste nível convencional, o indivíduo adota as normas e expectativas da sociedade como próprias e identifica-se com elas. Ele agora mantém a expectativa da própria família, do grupo ou da nação, pois isto é considerado como um bem em si mesmo, sem considerar as imediatas ou óbvias

---

[43] ERIKSON, H. E. *Infanzia e Societá*, 1966, p. 247.
[44] Ibidem, p. 248.

consequências. A atitude não é só aquela de conformidade com as expectativas pessoais e a ordem social, mas também de lealdade à ordem constituída, de mantê-la ativa, sustentá-la e justificá-la, e identificar-se com as pessoas e os grupos que participam dela. As normas não são estabelecidas por "eles"; agora são feitas por "nós" e para "nós". O indivíduo sente-se membro da sociedade. Os valores e as necessidades estão subordinados àqueles do grupo. Tem interesse pela aprovação dos outros, interesse pelo bem-estar dos outros e da sociedade em geral.[45]

Dentro desse nível convencional, Kohlberg distingue dois estágios, que correspondem ao 3º e 4º de sua classificação.

Estágio 3 – Orientação interpessoal do "bravo menino"

Este estágio é caracterizado pela orientação para a concordância interpessoal do "bravo menino", "brava menina". É bom o comportamento que agrada aos outros e é aprovado por eles. Há muita conformidade com a imagem estereotipada daquilo que constitui um comportamento "natural ou da maioria das pessoas". O comportamento moral é julgado pelas intenções: "ter boa intenção" torna-se pela primeira vez importante. "Ser bom significa principalmente ter motivações boas ou gentis, e ser interessado pelos outros." Agir bem significa em grande parte ser leal aos outros, ter em consideração seus sentimentos, ser coenvolvido em relações e expectativas que implicam confiança, lealdade, respeito e gratidão.[46] O indivíduo é marcadamente complacente.

---

[45] Kiely, op. cit., p. 68.
[46] Ibidem, p. 68.

Estágio 4 – Orientação para a lei e a ordem constituída

A característica principal deste estágio é a orientação para a lei e a ordem constituída. Há uma orientação em direção à autoridade, às leis fixas e à manutenção da ordem social. O comportamento justo consiste em fazer o próprio dever, mostrar respeito pela autoridade, manter a ordem social por desejo, como fim em si mesma. Começa neste estágio a surgir a preocupação com a ideia de uma hierarquia de valores abstratos, vistos como evidentes por si ou vindos da tradição. Começa-se também a fazer uma distinção entre o espírito e a letra da lei. Torna-se característica a consciência de pertença a um sistema social que define as normas de conduta para os indivíduos.[47]

5) Idade adulta (após os 21 anos)

a) Desenvolvimento afetivo (segundo Erikson)

Na idade adulta encontram-se os últimos dois estágios da classificação de Erikson. No estágio 7 o conflito de base é o da geratividade x estagnação (impotência), e no estágio 8 o conflito básico é o da integridade do "eu" x desesperação.

✓ **Sétimo estágio: geratividade x estagnação**

Aos 21 anos mais ou menos, o indivíduo atinge a maturidade fisiológica e psicoafetiva. Chega a época da geratividade. O indivíduo é capaz de gerar novas vidas, de levar adiante o desenvolvimento da própria personalidade e desligar-se da casa paterna. É capaz de constituir a própria família, ter os próprios filhos. "A geratividade é antes de tudo a

---

[47] Ibidem, pp. 70-72.

preocupação de criar e dirigir uma nova geração."[48] O homem assim se torna "pai" e a mulher "mãe" no sentido biológico e espiritual. Desde que seja alcançada a maturidade afetiva, esta é utilizada a serviço da razão e da vontade, para conduzir o próprio ser a realizar as metas que escolheu para si. O homem (mulher) maduro é então interiormente livre da escravidão dos instintos e dos condicionamentos psicológicos e ambientais, e pode empregar a própria energia para realizar-se e realizar. Por isso é capaz de doar-se autenticamente e de gerar. O contrário se dá com o jovem que não superou as fases emotivas precedentes. Tenderá a fechar-se egocentricamente e na inatividade. E nesses casos prevalecerá o sentimento de impotência diante da vida. Daí que o sentido de "geratividade" não se restringe à procriação de filhos, mas também representa, ou melhor, é sinônimo também de produtividade e criatividade. Daí por que se constitui num momento essencial tanto para o desenvolvimento psicossexual como também para o psicossocial. Quando essa forma de enriquecimento falta, acontece uma regressão a uma necessidade obsessiva de pseudointimidade que vem acompanhada de um difuso sentimento de estagnação e de empobrecimento pessoal.[49]

✓ **Oitavo estágio: integridade do "eu" x desesperação**

Nesse estágio o indivíduo está maduro para colher da vida aquilo que semeou. Erikson caracteriza essa última etapa como sendo o 8º estágio, onde aparece como conflito básico da vida: a integridade do "eu" x desesperação. Segundo ele, o termo que define melhor esse estágio é o da "integridade do

---

[48] ERIKSON, H. E. *Infanzia e Societá*, 1966, p. 249.
[49] Ibidem, p. 249.

eu", que é uma condição espiritual que corresponde à certeza madura do eu de dirigir-se em direção à ordem e à significabilidade, entendida como afeto pós-narcísico não para o "eu" individual, mas para aquele humano, entendido como experiência de uma ordem universal e de um significado espiritual digno de qualquer preço; a aceitação do próprio e irrepetível ciclo de vida como algo necessário e insubstituível e, portanto, também de um novo e diferente modo de amar os próprios genitores.

Embora saiba da relatividade de todas as formas de vida, quem conquistou a integridade do eu está pronto para defender a dignidade do próprio estilo de vida contra qualquer ameaça física ou econômica; sabe de fato que a vida de cada um não é senão o resultado da coincidência fortuita de um ciclo vital individual com um momento particular da história, e que então a sorte da sua integridade está ligada "àquela particular forma histórica de integridade da qual ele participa. Esta se torna o seu 'patrimônio espiritual'".[50]

Diante disso, dessa "honorabilidade", desse patrimônio "espiritual", o indivíduo encontraria um sentido diante do grilhão da morte.

> ... e é de fato o medo da morte que exprime a falta ou a perda dessa integridade, onde o próprio e único ciclo vital não é mais aceito por si. O desespero se apresenta exprimindo o sentimento que o tempo é breve, muito breve para se começar uma outra vida e para seguir outros caminhos em direção à integridade.[51]

Daí que se o indivíduo viveu egocentricamente, o balanço falimentar se apresentará trágico aos seus olhos. Será

---

[50] Ibidem, pp. 250-251.
[51] Ibidem, p. 250.

uma velhice ácida, pessimista, destrutiva. A sua afetividade de base será o desgosto e a desesperação.

b) Desenvolvimento moral (segundo Kohlberg)

O último nível do desenvolvimento moral é alcançado somente por uma minoria de adultos depois dos 20-25 anos.[52] Kohlberg o denomina nível pós-convencional.

- Nível pós-convencional

Neste nível há um claro esforço para definir os valores morais e os princípios que têm validade universal, prescindindo da autoridade dos grupos ou das pessoas que os observam e independentemente da identificação do indivíduo com os grupos. O ponto de vista do sujeito é baseado no reconhecimento de princípios fundamentais vistos como antecedentes a todo sistema social, sobre o qual cada sistema social bom e justo deve basear-se. Os valores e as normas da sociedade são aceitos, mesmo se reconhecidos como relativos, por amor ao bem geral. Contudo, se as normas da sociedade são contrárias aos princípios subjacentes que deveria exprimir, então, o indivíduo pós-convencional julgará segundo os princípios e não segundo as normas.[53]

Nesse nível pós-convencional, Kohlberg situa os estágios 5 e 6 de sua classificação.

- Estágio 5 – Orientação legalista e contrato social

A ação justa tende a ser definida em termos de direitos gerais do indivíduo e de padrões criticamente examinados, e

---

[52] KIELY, op. cit., p. 86.
[53] Ibidem, p. 73.

sobre os quais converge a sociedade. Os valores pessoais são considerados relativos, em consequência da ênfase posta sobre as regras de procedimento necessárias para conseguir o consenso. O justo é matéria de valor e opinião pessoal. Há uma ênfase sob o ponto de vista legal, contudo, desde que haja razões de utilidade social, a lei pode ser mudada. O elemento que vincula e obriga é o contrato e o livre consenso. As normas não são simplesmente dadas, ou algo intrinsecamente sacro, mas são feitas pelas pessoas, para as pessoas e servem para proteger os direitos de cada um.[54]

Estágio 6 – Orientação aos princípios éticos universais

O bem ou o justo é definido pela decisão de consciência de acordo com os princípios éticos escolhidos com autonomia e que se apoiam em uma compreensão lógica, universal e coerente. São princípios abstratos e éticos. Não são leis morais concretas como os dez mandamentos. São, na verdade, princípios universais de justiça, reciprocidade e igualdade dos direitos humanos, de respeito pela dignidade dos seres humanos como pessoas individuais.[55]

Algumas linhas de convergência entre Kohlberg e Piaget

Quanto aos estágios

Tanto Kohlberg como Piaget concebem o desenvolvimento moral e cognitivo, respectivamente, como estágios que se sucedem um ao outro de uma situação inicial inferior

---

[54] DUSKA; WHELAN, op. cit., p. 63. Cf. também: KIELY, op. cit., pp. 73-74.
[55] KOHLBERG, L. The Claim to Moral Adequacy of a Highest Stage of Moral Judgment, in *The Journal of Philosophy*, LXX (1973ª), p. 632.

para um nível superior. Podemos destacar as quatro principais linhas de convergência:

1. Os estágios encerram distintas ou diferentes qualidades no modo de pensar do indivíduo ou de resolver semelhantes problemas nos diferentes estágios.
Estes diferentes modos de pensar formam uma ordem ou sucessiva sequência invariável no desenvolvimento individual. Em outras palavras, a sequência invariável significa que todo indivíduo deve passar progressivamente por cada um dos estágios de desenvolvimento, seja moral, seja cognitivo. A passagem progressiva pode se dar em tempos diferentes, como também podem permanecer fixas em um determinado nível sem evoluir para o seguinte. A fixação ocorre sobretudo quanto ao desenvolvimento moral, raramente quanto ao desenvolvimento cognitivo (casos de autismo).

2. Cada um destes modos diferentes e sequenciais de pensamento formam um todo estruturado. Os estágios constituem um todo estruturado, um modo total de pensamento, e não atitudes em relação a situações particulares. Deve-se ter presente, entretanto, que o indivíduo não está inteiramente em um único estágio. Ele pode estar em parte num outro mais avançado para o qual está evoluindo.

3. Os estágios são integrados hierarquicamente. Formam uma ordem de estruturas crescentes diferenciadas e integradas para efetuar uma função comum. As funções adaptativas gerais da estrutura cognitiva são sempre as mesmas.[56]

---

[56] KOHLBERG, L. *The Psychology of Moral Development*. San Francisco, Harpes & Row, 1984, p. 14.

Para Kohlberg o conceito de estágio implica a universalidade de sequência, não obstante as várias condições culturais. O desenvolvimento moral não é mero processo de aprendizagem de valores verbais e de regras da cultura a que o indivíduo pertence, mas reflete algo de mais universal, que se realiza em todas as culturas.

Kohlberg realizou estudos com culturas diferentes (americana, turca, yucatán, formosa, mexicana) e verificou que "em todas as culturas há os mesmos modos fundamentais de avaliação moral e que estes modos se desenvolvem na mesma ordem".[57] Suas pesquisas permitiram-lhe tirar as seguintes conclusões:

a) Há uma série universal de princípios morais mantidos por todos os homens em todas as culturas (correspondentes ao estágio 6).

b) Estes princípios são aqueles que todos os homens em todas as sociedades poderiam ter logicamente e de modo consistente. Eles de fato seriam universais para toda a humanidade se todos os homens em todas as culturas tivessem condições ótimas de desenvolvimento sociomoral.

c) A moralidade inferior aos estágios 5 e 6 não tem uma forma de princípio em sentido pleno. Por isso está mais sujeita à influência de conteúdos específicos provindos de grupos particulares.[58]

Quanto ao desenvolvimento cognitivo e moral

Desenvolvimento intelectual é uma condição necessária, mas não suficiente para o desenvolvimento moral.

---

[57]   KOHLBERG, L., in Michel, T. *Cognitive Development and Epistemology*, 1971, pp. 151ss.
[58]   Ibidem.

O desenvolvimento moral tem um processo próprio e não é mera aplicação do desenvolvimento cognitivo na área moral.

> Todos os jovens que estão em um determinado estágio moral alcançaram também o estágio cognitivo equivalente, porém nem todos os jovens que estão em um determinado estágio cognitivo alcançaram também o estágio moral equivalente.[59]

A passagem de um estágio para outro não se deve à apresentação de novos conteúdos externos, mas depende da reorganização cognitiva interna. O conflito cognitivo é o "motor" central de tal reorganização e crescimento. A exposição ao estágio superior estimula a mudança não porque o indivíduo assimila novas mensagens, mas porque se dá conta de que existem outras soluções melhores e mais consistentes do que as até agora usadas, por isso se sente estimulado a repensar e reformular as próprias soluções.

Observações críticas às teorias

Do que ficou exposto anteriormente sobre as teorias de Erikson, Piaget e Kohlberg, podemos agora fazer algumas observações críticas no sentido de situá-las dentro dos nossos escopos, destacando assim alguns de seus limites e alguns de seus contributos.

A teoria de Erikson sobre os estágios da evolução psicoafetiva preocupa-se com os interesses centrais do indivíduo em cada um dos estágios de seu desenvolvimento. Os oito estágios por ele elaborados procuram mostrar "que coisa" motiva o indivíduo nos diversos momentos de seu

---

[59] Ibidem.

desenvolvimento. Vale dizer, quais são os interesses centrais do indivíduo em um dado momento de seu crescimento. Segundo Erikson, o processo evolutivo desenvolve-se em direção à integridade, onde deveria acontecer a realização do "eu" (*self*), que Erikson parece ver como objetivo da própria vida. Para um indivíduo atingir essa meta deve passar pelo processo de desenvolvimento que se dá no confronto entre duas forças contrárias, isto é, como resultado de um conflito de base, que está presente de modo diverso em cada um dos estágios sucessivos, que se caracteriza como motivo central do respectivo estágio.

Uma crítica que se pode fazer ao tratado de Erikson diz respeito à visão antropológica que sustenta sua teoria. Falta uma formulação explícita de uma visão antropológica de base;[60] os estágios por ele descritos não apresentam características precisas no sentido de sua direcionalidade, objetivo e função para o fim e o valor último da vida humana.[61] De fato, os estágios de Erikson estão centralizados em torno da estima de si mesmo (realização do *self*). Ora, se a vida tem por finalidade a realização do *self* no espaço estreito de alguns anos, que sentido tem todo o esforço humano para o crescimento (desenvolvimento) a fim de atingir a integridade (estágio 8)? Se for assim, quando está apto para desfrutá-la, defronta-se com o problema da morte! Parece insuficiente conformar-se com a ideia de que deixa para os pósteros um "patrimônio espiritual", como participante de um fortuito ciclo de vida vivido num momento particular da história.[62]

---

[60] RULLA, L. *Antropologia da vocação cristã*. São Paulo: Paulinas, 1987, p. 17.
[61] Ibidem, p. 18.
[62] ERIKSON, H. E. *Infanzia e Societá*, 1966, p. 251.

Se o sentido da vida está na realização do *self*, na integridade do eu, que significado tem para os que não conseguem atingi-lo?

A resposta que Erikson dá a esta questão de fundo parece insatisfatória, embora se deva conceber que seu objetivo primeiro não é o de examinar questões filosófico-teológicas; contudo, a impostação relativista e reducionista da vida implicitamente conduz ao problema, pois ele próprio parece admiti-lo quando fala da alternativa que resta ao indivíduo que não atingiu a "integridade do eu". A alternativa do desespero parece ser fatalista. Se diz que a realização do *self* se dá apenas dentro da ordem física e psíquica dos limites humanos, não se responde por que o homem vive. Esta parece ser uma das principais limitações da sua teoria. Além do mais, dependendo da visão antropológica que se tem, esta condiciona em parte a interpretação dos fatos e situações que se examina ou se afronta; daí que a visão de homem que Erikson parece ter está em grande parte oposta à visão cristã do homem, visto como alguém que vive não em função de si mesmo, mas para realizar a vontade de Deus sobre ele. Em outras palavras, o seu fim último não é a autorrealização do *self* que vem em primeiro lugar e em função do qual devem girar todas as coisas, mas na visão cristã a autorrealização é consequência de ter feito a vontade de Deus em sua vida. Em outras palavras, o indivíduo não vive em função de atingir a integridade do eu e conformar-se assim em ter um "patrimônio individual" para deixar para os pósteros. Mas vive para realizar o plano de Deus a seu respeito, que certamente inclui o desenvolvimento de todas as suas capacidades, porém não se limita a elas. Em última análise o plano de Deus tem em vista a salvação do indivíduo e a sua comunhão eterna com ele.

A teoria de Piaget, por sua vez, trata do desenvolvimento cognitivo, de modo especial analisando-o como um processo de interação entre o organismo e o meio ambiente, com tendência a sempre crescer no sentido de um equilíbrio maior, pelo processo de assimilação e acomodação (adaptação) a novos estágios superiores, até atingir o do pensamento formal. A contribuição de Piaget é valiosa enquanto mostra passo a passo a evolução do processo de amadurecimento cognitivo. A demonstração de como isso se dá e de quais mecanismos humanos estão implicados em cada fase, sem dúvida, é de grande utilidade para a compreensão do indivíduo e, sobretudo, para o processo educativo, no que diz respeito à programação pedagógica adequada à capacidade do educando, como sugerem Duska e Whelan.[63]

Por outro lado, também tomando a teoria de Piaget como base de compreensão do processo de desenvolvimento cognitivo até atingir a capacidade de abstração, esta implicitamente indica que, modo natural, existe no indivíduo a capacidade de pensar além daquilo que lhe é imediatamente visível, concreto, e de transcender aos objetos e a si mesmo. Em outras palavras, o pensamento que tem essa capacidade é capaz também de perceber o significado das coisas, dos outros e de colocar-se perguntas sobre tudo, não só sobre o próprio sentido do desenvolvimento, mas também do sentido da própria vida (e vocação). Daí também sobre Deus, como resposta às próprias interrogações sobre o sentido da vida. Como diz Lonergan, "à medida que prestamos atenção ao nosso próprio perguntar e nos colocamos a interrogá-lo,

---

[63] DUSKA; WHELAN, op. cit., pp. 125-139.

nasce a pergunta sobre Deus".[64] Essa pergunta "nasce da nossa intencionalidade consciente, daquela força interior *a priori* que nos faz avançar da experiência para o esforço de compreender, para o esforço de julgar de acordo com a verdade, e do julgar para o esforço de optar de acordo com a justiça".[65] À luz desse argumento de Lonergan, podemos entender também o contributo de Piaget, quando ele demonstra como o homem adquire naturalmente essa capacidade de pensar ao longo de um processo genético, portanto, não estranho ao próprio desenvolvimento natural. E então, se é como diz Piaget, que a criança ao nascer exprime sua individualidade "chorando", "sugando", variando seu ritmo respiratório, e assim manifesta o início de um processo de desenvolvimento,[66] analogamente podemos dizer que o fim desse processo não é só a capacidade de pensar formalmente, mas de, através de sua capacidade de pensar formalmente, também descobrir o significado último do porquê da vida e dos valores para os quais ela se orienta. Pois a partir dessa capacidade natural de transcender-se é que se encontra a possibilidade da abertura para o diálogo com Deus e, portanto, a possibilidade de uma vocação, isto é, discernir o "chamado" de Deus.

A teoria de Kohlberg, tratando do desenvolvimento moral, se interessa não pelo conteúdo do juízo moral dos diversos estágios, mas sim pela estrutura do juízo moral. Kohlberg não faz juízos de valor sobre as pessoas que se encontram em diferentes estágios e não pretende dizer quais ações são justas ou erradas. Seus estudos são em termos de

---

[64] LONERGAN, B. F. L., citado por RULLA, L. *Antropologia da vocação cristã*. São Paulo, Paulinas, 1987, pp. 172-173.

[65] MÉIER, H. W. Piaget's Development Theory, in *Three Theories of Child Development*, N.Y., Harper & Row, 1968, p. 104.

[66] DUSKA; Whelan, op. cit., p. 116.

raciocínio moral, e quando afirma que um estágio é mais alto que outro, o define porque cognitivamente é mais adequado e mais conforme com a liberdade de decisão exigida para que a decisão moral seja mais madura.[67] A qualidade do desenvolvimento está em função de uma estrutura, de um "como", mais do que de um conteúdo. Kohlberg concebe a moral como caso de justiça, isto é, o problema da moralidade só entra em jogo quando a justiça está ameaçada. Portanto, a moral só trata de situações onde há conflito entre pessoas, quando é necessário buscar um equilíbrio, no sentido de "aquilo que posso fazer por você, você pode fazer por mim". Sendo a moral um problema que diz respeito às relações entre pessoas, então para Kohlberg a justiça não entra no campo da vida privada. Aquilo que alguém faz privadamente não tem nada a ver com os outros. Kohlberg parece pressupor que as motivações obedecem à razão. Isto, contudo, não parece ser verdadeiro.

O indivíduo que consegue atingir o último estágio do desenvolvimento moral, o equilíbrio (estágio 6), é aquele que está contente de ser igual a todos os outros! A motivação última da vida seria, então, a estima de si, o "eu justo". Kiely aponta, entre outros, o seguinte limite à visão da moral de Kohlberg: é uma moral restrita às situações e ao conflito interpessoal. O desenvolvimento moral identificado com o desenvolvimento da justiça, referente sempre aos conflitos interpessoais. Na sua moderna afirmação da visão platônica, diz: a virtude é uma só, não muitas, e é sempre a mesma forma ideal independentemente do clima ou da cultura; o nome desta forma ideal é justiça e não só o bem uno, mas a virtude

---

[67] KIELY, op. cit., p. 79.

é o conhecimento do bem. E quem conhece o bem, escolhe o bem.[68] Kohlberg, continua Kiely, não trata da moral enquanto campo do amor, união entre as pessoas que são bens não conflitivos e que pertencem ao campo da moralidade; não são casos de justiça, ao menos no sentido que entende Kohlberg. Parece também faltar à teoria de Kohlberg uma visão mais idealista da vida. Sua moral é reducionista, podemos dizer num certo sentido muito interesseira, isto é, visa ao bem para si mesmo. Contudo, restam alguns problemas que o próprio Kohlberg parece reconhecer que sua teoria não responde. Ele se pergunta:

> ... depois de alcançar um claro conhecimento dos princípios éticos universais válidos contra as dúvidas cotidianas do ceticismo, permanece a dúvida cética mais forte de todas as dúvidas: "por que ser moral?". Por que ser justo num mundo que é abertamente injusto?.[69]

Essas perguntas suscitam outras duas perguntas paralelas: Por que viver? E como encarar a morte?[70]

Não se trata aqui de discutir as respostas não dadas por Kohlberg a esses problemas; contudo, a título indicativo, podemos adiantar que esses "dilemas" (tensões) nascem não só da consciência do indivíduo situado, que tem aspirações a realizar, mas essa tensão, mais que conflito, existe entre duas situações existenciais, de um "eu situado" e de um "eu que deseja ser". Manifesta-se aí, como diz Rulla, uma dialética de base que, levada às últimas consequências, revela a tendência à autotranscendência teocêntrica,[71] a qual responde às questões

---

[68] Ibidem, p. 244.
[69] KOHLBERG, L. Education, Moral Development and Faith, in *Journal of Moral Education*, vol. 4, n. 1, Pemberg Publishing Company Ltd., 1974, p. 14.
[70] RULLA, L. M. *Antropología della Vocazione Cristiana*. Roma, Piemme, 1985, vol. I, p. 109.
[71] KIELY, op. cit., pp. 131-132.

colocadas, dando sentido não só ao por que ser moral e justo num mundo marcadamente injusto, mas também dando sentido à vida e respondendo às interrogações sobre a morte.

Algumas aplicações práticas das teorias para o campo do crescimento pessoal

Das discussões feitas sobre as três teorias, podemos inferir algumas aplicações práticas para o campo do crescimento pessoal (vocacional), sem esquecer que elas têm seus limites. Trata-se, portanto, de não fazer absolutizações, mas sim de captar os contributos úteis que elas sob certos aspectos demonstram.

Como vimos, tanto no desenvolvimento afetivo como moral (mais raramente no cognitivo), podem haver condicionamentos pessoais e ambientais que obstruem a passagem adequada de um estágio para o sucessivo, permanecendo um conflito básico não resolvido ou um modo de fazer um juízo moral menos maduro. No caso de um conflito básico não resolvido, esse tenderá a permanecer (frequentemente em nível inconsciente) e causar sérias dificuldades ao indivíduo na resolução adequada de problemas que se põem nos outros estágios. Por exemplo, um indivíduo que no primeiro estágio não adquiriu uma atitude básica de confiança poderá ter sérias dificuldades para acreditar nas próprias possibilidades e nas dos outros, podendo complicar a formação de uma identidade própria adequada. Isso aplicado ao processo de crescimento vocacional pode também obstaculizar não só a definição de uma identidade, como também a assimilação pessoal de um modo internalizado de convicções que deem sentido a sua vida e o sustente diante dos desafios.

Quanto à não superação adequada de um estágio do desenvolvimento moral, talvez repercuta negativamente sobre a qualidade do julgamento moral, pois o indivíduo pode, por um lado, permanecer fixo em um estágio inferior e daí, portanto, o juízo sobre valores, que são componentes essenciais da vida, ser avaliado irrealisticamente ou de modo subjetivista. Como consequência de uma avaliação subjetivista, os valores como tais não serão aceitos por causa da consistência interna que têm em si, mas sim por uma aceitação deles apenas por complacência; por outro lado, pode acontecer também que mesmo o indivíduo raciocine com base em "princípios universais", por exemplo, compreenda o significado dos valores vitais, porém não viva segundo tais princípios. Há, na verdade, uma grande variedade de fatores que podem influenciar um indivíduo em particular de viver uma dada situação, segundo o estágio mais elevado de raciocínio moral. Em grande parte dependerá da situação e das pressões a essa inerentes, em parte também das motivações e emoções da pessoa e em parte ainda de um senso geral de vontade, orientação ao objetivo ou "força do eu".[72]

Dos oito estágios da teoria de Erikson, podemos inferir algumas aplicações práticas ao crescimento para a maturidade, enquanto ele sugere, por exemplo, que a superação do conflito de base de cada um dos estágios dá origem ou é suporte para o desenvolvimento das virtudes naturais, necessárias para atingir a maturidade afetiva e, portanto, sem dúvida importantes como base para o crescimento pessoal. Nesse sentido podemos ver em cada um dos estágios, como sugere

---

[72] FELLIPI, op. cit., pp. 58-59.

também Fellipi,[73] uma aplicação de cada uma delas, com breve comentário.

No estágio 1: a aquisição da confiança de base favorecerá o aparecimento da esperança, que sob o aspecto vocacional pode ser embrião também da virtude teologal da esperança, que é um dos fundamentos da vocação cristã. E se o é para o cristão, mais ainda para o vocacionado ao sacerdócio ou à Vida Religiosa, que deve testemunhar com a própria vida, de modo particular, os valores transcendentes, "porque sabem em quem depositaram sua esperança" (cf. Fl 3,8-11; Rm 5,3-5).

No estágio 2: a aquisição da autonomia pode ser a origem da vontade de autocontrole e de fazer escolhas livres, de tomar decisões, superando a dúvida e a vergonha infantil, e sendo capaz de viver suas próprias opções.

No estágio 3: o espírito de iniciativa pode ser o fundamento do propósito, da coragem para enfrentar riscos e suportar tensões, superando o medo infantil da punição ou sentimento de culpa.

No estágio 4: a operosidade que pode dar origem à competência, isto é, a capacidade de desempenhar funções e encargos, levando a cabo as iniciativas, vencendo o sentimento de inferioridade infantil.

No estágio 5: a identidade do "eu", que pode dar origem à fidelidade aos compromissos assumidos e à capacidade de imprimir marca pessoal àquilo que se faz, como também de adaptar-se à realidade sem se deixar dominar por ela. Em outras palavras, ser capaz de manter a coerência consigo mesmo e, portanto, de fazer renúncias. Ser capaz de ter as

---

[73] KIELY, op. cit., p. 85.

próprias opiniões e não ser um "maria vai com as outras". A identidade com o próprio eu é essencial também para possuir uma identidade vocacional própria (carisma pessoal).

No estágio 6: a intimidade que pode levar à aquisição da capacidade de doação no amor oblativo, que sabe condividir e viver em comunhão com os outros, sabendo também se alegrar e conviver intimamente com as próprias escolhas, sem refugiar-se no isolamento egoístico de um mundo à parte.

No estágio 7: A geratividade que pode levar à solicitude, isto é, ao serviço generoso e prestativo, como quem amadureceu para a vida e sabe empenhar-se na construção de projetos, não somente em vista de um consumo imediato, mas orientado por princípios e valores mais duradouros que vão além do aqui e agora.

No estágio 8: a integridade do eu revela a sabedoria adquirida e o amor pela vida. A experiência assimilada ao longo da vida que o consolidou na fé o mantém sereno diante da morte, sem desespero porque durante a vida solidificou a esperança e a certeza de que a vida transcende ao mundo visível para repousar no eterno.

Para concluir este capítulo, retomemos em última aplicação prática as três teorias globalmente; ainda que pareçam sugerir através do processo de desenvolvimento (afetivo, cognitivo e moral), por um lado, a tendência natural e gradual para a maturidade, por outro, não se pode dá-las simplesmente como pressupostos que sempre aconteçam. Os resultados das pesquisas dos autores parecem sugerir quase o contrário, isto é, uma pequena minoria atinge os estágios mais elevados. Na verdade, os problemas superados no processo de desenvolvimento permanecem encapsulados no indivíduo e retornam frequentemente na vida adulta.

Bastaria lembrar aqui, por exemplo, que esses problemas não resolvidos são em geral mantidos reprimidos em nível inconsciente e revividos quando estimulados pelo meio ambiente ou em outras situações, fazendo-os ressurgir em forma mascarada sem que o indivíduo mesmo saiba reconhecê-los em suas origens.

Desenvolvimento da fé, segundo Fowler

Vamos nos ocupar agora com o desenvolvimento da fé tendo como referência os estudos de James W. Fowler. Seus estudos têm como pano de fundo as teorias que vimos acima (Piaget, Erikson, Kohlberg). Fowler propõe o desenvolvimento da fé baseado em uma teoria de crescimento na fé, em sete estágios. A fé da qual ele fala não é necessariamente uma crença religiosa. Está ligada à busca do sentido da vida que cada um faz. Para ele todas as pessoas ao longo da vida passam por uma mesma sequência de estágios que vai desde o mais rudimentar até o mais evoluído. Ao sexto estágio poucos chegam! Para Fowler a fé faz parte da vida humana desde o nascimento. Veja o que ele mesmo diz na introdução de sua obra:

> Creio que a fé é um humano universal. Ao nascer, somos dotados com capacidades inatas para a fé. A maneira pela qual essas capacidades são ativadas e crescem depende grandemente de como somos recebidos no mundo e do tipo de ambiente em que crescemos. A fé é interativa e social, requer comunidade, linguagem, ritual e alimentação... (p. 10).

Vamos percorrer o caminho proposto por ele, conhecendo seus argumentos, que estão ligados à compreensão dos estágios por ele propostos. Vejamos sucintamente as características principais dos estágios.

Estágio 0. *Fé indiferenciada* (0 aos 2 anos)

Esse estágio é o mais primitivo. É aquela fase dos primeiros meses de vida, quando a criança vai adquirir pela experiência existencial uma confiança no ambiente que a cerca, de modo particular na relação que ela estabelece com as pessoas que cuidam dela. É uma fase ainda marcada pelo autismo. Lá pelos 7-8 meses o bebê começa a reter imagens mentais de pessoas ou objetos ausentes. Piaget chama esse momento de "esquema da permanência dos objetos". Para Fowler aí se originam as "pré-imagens de Deus", porque elas ocorrem antes da linguagem, antes da formação dos conceitos. Segundo ele, no estágio da fé indiferenciada "as sementes da confiança, coragem, esperança e amor fundem-se de uma forma indiferenciada e contendem com ameaças de abandono sentidas pelo bebê, inconsistências e privações no ambiente da criança". A fé aqui está relacionada à aquisição da confiança fundamental e à experiência da relação mútua com as pessoas que cuidam da criança. É uma fé que o bebê desenvolve pela experiência de ser cuidado por alguém. É como se ele dissesse: "Posso dormir tranquilo porque tem quem olhe por mim, não me abandonaram a minha própria sorte".

Estágio 1. *Fé intuitiva-projetiva* (2 aos 6 anos)

Esse estágio está marcado pelos "porquês" da criança. Ela começa a dominar a linguagem e formar os conceitos dos objetos. Sua imaginação passa a construir dentro de si as imagens e representações com as quais ela vai se relacionar com os objetos, com o mundo externo. Ela se inicia no processo de simbolização e nos rituais. A fantasia e a imitação são mundos explorados pela criança. Aprende por imitação dos adultos. Segundo Fowler, este é o estágio da autoconsciência. Essa autoconsciência a deixa egocêntrica nas relações com os outros. É aqui que há o

> nascimento da imaginação, a capacidade de unificar e captar o mundo da experiência em poderosas imagens... registram as compreensões e sentimentos intuitivos da criança no tocante às condições últimas da existência (p. 117).

Ela reproduz a imagem de Deus com traços humanos (antromorfismo). Toma certa consciência do sagrado, apreende que há normas e leis a serem observadas, há proibições e possíveis punições. Esse estágio vai preparar a criança para estabelecer os limites entre o imaginário e o concreto, entre o aparente e o real.

Estágio 2. *Fé mítico-liberal* (7-8 aos 10-11 anos)

Nesse estágio uma conquista significativa da criança é a capacidade de narrar a própria experiência. As coisas são concretas. Ela aprende a distinguir o real do imaginário. É a conquista do "pensamento das operações concretas" (Piaget). Como diz Fowler,

> a criança começa a assumir para si as histórias, crenças e observâncias que simbolizam pertença à sua comunidade. As crenças são apropriadas com uma interpretação literal, assim como regras e atitudes morais. Os símbolos são entendidos como unidimensionais e literais em seu sentido (p. 129).

É nesse período que a criança começa a imitar seus ídolos, põe-se na pele deles, vive seus heróis na sua fantasia e imaginação. Lá pelos 10-11 anos começa a entrar em "crise", pois já não bastam as explicações concretas que tem, e passa a perceber a necessidade de razões mais lógicas para explicar suas percepções e relações com o mundo que a cerca e aquele que já tem formado dentro de si. Isso a leva para o estágio seguinte.

Estágio 3. *Sintético-convencional* (11-12 aos 20 anos)

Este estágio abrange o período da adolescência. Tempo de muitas mudanças físicas, emocionais e mentais. O adolescente vai conquistar a capacidade do pensamento formal. Isso vai mudar a maneira de analisar as ocorrências a sua volta e também a visão de si e dos outros. Ele vai "ver-se nos outros como num espelho", vai construindo um mundo em torno de ideias próprias, porém apoiadas ainda nas dos outros. Sua capacidade de reflexão, seus pensamentos, começam a dar-lhe uma personalidade própria, uma identidade. O adolescente forma seus próprios mitos e os projeta para o futuro. Como diz Fowler:

> por um lado, esta projeção representa a fé no eu que a pessoa está se tornando e confiança de que esse eu será recebido e ratificado pelo futuro. Por outro lado, traz o medo de que o eu possa errar de foco, possa não encontrar lugar junto a outras pessoas e possa ser ignorado, não descoberto ou relegado à insignificância pelo futuro.

Sua fé, sua maneira de conceber Deus vai sofrer uma reformulação em suas representações mentais. Deus é "reimaginado". O adolescente precisa também se *re*-situar no mundo, pois suas relações se ampliam, passa a vincular-se com o grupo de amigos, apaixona-se por alguém, sofre as influências da mídia, entra no mundo do trabalho, faz parte de uma cultura, e tudo isso entra em ebulição. É um conformista rebelde que se adequa ao convencional, mas com a inquietação de quem ainda está inseguro em relação às suas possibilidades futuras, mas ansioso por encará-las.

Estágio 4. *Fé individuativa-reflexiva*
(+ 20 anos – início da vida adulta)

Esse período na vida do jovem é marcado por sua capacidade de construir as próprias convicções, que serão testadas nos ambientes que frequenta. Passa a defender ideias que lhe parecem dar sentido ao que faz. Começa a assumir responsabilidades no mundo do trabalho e nas relações com os outros. Suas crenças são como que passadas a limpo, examina-as a partir de sua própria visão e compreensão. Deixa de ser convencional. Tem maior consciência de sua própria identidade e a assume, bem como organiza para si um conjunto de princípios que serão sua referência "ideológica". Como diz Fowler, esse é um estágio "desmitologizador". Torna-se responsável pelas próprias opções e procura integrá-las no seu estilo de vida *sui generis*.

Estágio 5. *Fé conjuntiva* (depois dos 30 anos – meia-idade)

O sujeito que se depara com esse estágio começa a ver a vida com mais flexibilidade. Admite as contradições e ambiguidades. Reconsidera seu passado e o integra numa visão mais objetiva. Está propenso ao diálogo, é capaz de defender suas posições aceitando que o outro tenha as dele. Assume que há aspectos nele mesmo que desconhece. Em nível de crença tem a sua, mas é aberto às outras tradições religiosas. Esse estágio, no dizer de Fowler, "luta para unificar os opostos na mente e na experiência" (p. 166). Descobre significados mais profundos em suas experiências já vividas. Relativiza a sua capacidade de compreensão da verdade, aceita que não é capaz de abrangê-la por completo. Em meio aos paradoxos que se apresentam, procura extrair ou captar a verdade neles contidos.

Estágio 6. *Fé universalizante*
(poucos conseguem alcançá-la, não há uma idade especial)

Para Fowler, esse estágio é o mais elevado, poucos o atingem. Diz:

> as pessoas que se encaixam nele geraram composições de fé nas quais a sua percepção do ambiente último inclui todo o ser. Elas se tornaram encantadoras e realizadoras do espírito de uma comunidade humana inclusiva e realizada (p. 169).

Os indivíduos que atingem esse estágio, por suas posturas, despertam reações de espanto, porque parecem um pouco fora do comum, embora continuem plenamente humanos. "A pessoa engaja-se em gastar e ser gasta para a transformação da realidade na direção de uma realidade transcendente" (p. 168). Seu modo de viver no que fazem e dizem ultrapassa as fronteiras que dividem as nações, se sobressaem às mazelas das ideologias, e também seu amor à verdade e à justiça, e por acreditarem num amor maior expõem sem medo suas vidas. Morrem pelas causas que defendem. Amam a vida porque veem nela sentido e em sua defesa são capazes de morrer pelo direito da vida de outrem. Nessas pessoas outros se inspiram e muitas vezes se convertem para um estilo de vida muito mais exigente do que até então levavam. Elas estão acima de condição social, raça ou religião. Amam o ser humano pelo que ele é, não pelo que tem ou pelo que pode dar.

Referências bibliográficas

FOWLER, J. W. *Becoming Adult, Becoming Christian*. Adult Development and Christian Faith (1984).

_____. *Estágios da fé*. São Leopoldo: Editora Sinodal, 1993.

_____. *Faith Development and Pastoral Care* (1987).

_____. *Faithful Change*. The Personal and Public Challenges of Postmodern Life. Nashville: Abingdon Press, 1996.

_____. Perspectives on the family from the Standpoint of Faith Development Theory. *The Perkins Journal*, 33(1): 12s. Autumn 1979.

_____. *Stages of Faith*. The Psychology of Human Development and the Quest for Meaning (1981).

_____. *To See the Kingdom*. The Theological Vision of H. Richard Niebuhr (1985).

_____. *Weaving the New Creation*. Stages of Faith and the Public Church (1991).

MCADAMS, D. P. *The stories we live by*. Personal Myths and the Making of the Self. New York and London: Guilford Press, 1993 (1996).

TREVISOL, J. *Amor, mística e angústia*: mistérios inevitáveis da vida humana. São Paulo: Paulinas, 2000.

_____. *O despertar da atenção*. Porto Alegre: Maneco, 2006.

_____. *O reencantamento humano*: processos de ampliação da consciência na educação. São Paulo: Paulinas, 2003.

Capítulo III

Parte prática

Vimos na parte teórica algumas teorias que falam do desenvolvimento humano e da fé e um pouco sobre o funcionamento do inconsciente. Você agora é convidado a elaborar a sua biografia, contemplando o que foi visto nas teorias. Como isso acontece na sua experiência de vida até este momento.

Você tem a seguir seis roteiros para descrever sua vida. Eles são complementares. Deixo então essa tarefa. Lembre-se de que o maior interessado é você mesmo. Conhecer-se melhor implica conhecer a própria história. Faça a autobiografia sugerida, sendo o mais sincero possível, dando detalhes dos fatos que marcaram sua vida. Os roteiros com perguntas são sugestões que você pode utilizar ou não, mas não deixe de realizar essa biografia de sua vida.

Comece por situar-se no mundo, no dia em que você nasceu.

Situando-me no mundo, no dia em que nasci!...

Motivação

Quando nasci, encontrei um mundo que já estava aí. A partir do momento em que entrei nele, começou uma

93

história de interação: de influenciar e ser influenciado, um processo que vai perdurar enquanto eu viver. Enquanto estou no mundo, ele exerce influência sobre mim e eu sobre ele. Vivemos uma interação que teve um começo e terá um fim. Minha influência sobre o mundo pode ser muito pequena, mas o mundo não é o mesmo depois que nasci, mesmo que a única diferença que exista seja um número a mais nas estatísticas. Na verdade, não sou apenas um número estatístico, ocupo um espaço, alimento-me de coisas, interfiro na vida de outras pessoas, locomovo-me e no caminho piso sobre formigas, uso roupas que outros fizeram, sento num banco escolar, grito no estádio, ocupo um lugar no ônibus, meu nome tem um registro no cartório, minhas ações modificam ambientes, relaciono-me com pessoas, meu voto ajuda a eleger pessoas... Como se vê, a partir do nascimento o mundo se torna um pouco diferente do que era até então. Mas o mundo também sobrevive sem mim, tem suas leis próprias, sua dinâmica. Na interação que estabeleço com ele, no jogo de influências recíprocas, é aí que vou construindo uma história.

Ao me propor conhecer-me melhor, é importante ter uma ideia de como estava o mundo no dia que entrei para fazer parte dele.

A seguir você encontra um roteiro onde é convidado a escrever um preâmbulo para uma autobiografia. Você encontra no roteiro "Situando-me na história" o que deve fazer. Lembre-se de que esta parte de sua autobiografia tem como objetivo fazê-lo conhecer um pouco o contexto do mundo, da Igreja, de sua família, com seus principais fatos, no dia em que você nasceu. O que propomos é que descreva isso em quatro níveis: 1) mundial; 2) continental e nacional; 3) local (lugar onde você nasceu); 4) familiar. Para isso, pode consultar livros de história, jornais, revistas, documentos, pessoas... O quanto vai escrever depende de você e de seu interesse, porém, veja se tem um mínimo de informações que lhe permita ter uma ideia do mundo que encontrou no dia em que nasceu.

a) Roteiro 1 – Situando-me na história

Nome_____

Data de nascimento ___/___/___

1. *Em âmbito mundial:* No dia em que você nasceu, qual era a principal questão que envolvia as discussões na política, na economia mundial? Havia conflitos entre países? Guerras? Houve alguma descoberta científica importante? Mudanças? Quais eram os líderes mundiais em destaque?
2. *No âmbito da Igreja no mundo:* Quem era o papa? Havia alguma questão importante em discussão? Foi publicado algum documento significativo?
3. *Em âmbito nacional:* Quem era o presidente da República? Qual era a situação econômica? O que se discutia em nível político? Houve algum fato importante no esporte?
4. *No âmbito da Igreja no Brasil:* Qual era o tema da Campanha da Fraternidade? Os bispos fizeram algum documento importante? Qual situação social era mais debatida?
5. *No âmbito de sua cidade:* Quem era o prefeito dela? Qual a principal reivindicação da população? Houve algum fato marcante no município?
6. *Em âmbito paroquial:* Quem era o pároco à época? Quem o batizou? Onde você foi batizado? Quem foram seus padrinhos? Você tinha que idade?

7. *Em âmbito familiar:* Além de seu nascimento, houve algum outro fato marcante? Algum familiar estava com problema de saúde? Qual era a situação financeira de seus pais? Você nasceu com saúde? Você nasceu em maternidade ou em casa? De parto normal ou cesariana? Por que lhe deram o nome que você tem?

b) Roteiro 2 – Minha história

TENHO UMA HISTÓRIA – MOTIVAÇÃO

Eu tenho uma história. Ela começou no dia em que fui concebido pelos meus pais. Após o meu nascimento, começou a ser construída dia após dia, dentro do mundo que encontrei e no qual fui vivendo. Passaram-se os anos e eu cheguei até o momento presente. Se olhar para o caminho que já trilhei, encontro minhas pegadas, minhas lembranças registram experiências que já vivi. Constato que tenho uma história, não sou um incógnito, anônimo. No meu caminho encontro memórias de fatos, acontecimentos, experiências que se foram juntando e agora fazem parte de mim. No passar dos dias, muitos pensamentos povoaram minha mente, muitos sentimentos mexeram com minhas emoções, muitas pessoas passaram por mim deixando suas marcas. Muitas delas demonstraram muito afeto, incentivo, reconhecimento, serviram de modelo para meu eu ainda inexperiente. Outras não me foram tão simpáticas, até, pelo contrário, tiveram pouca consideração, algumas até mostraram-se duras demais, outras ainda me puniram, foram mais fortes, impuseram limites, às vezes, exagerados. Na caminhada até aqui, tive também minhas conquistas, conheci pessoas além dos meus familiares, fiz amizades, tive colegas de escola, amigos de confidências, companheiros de esportes. Tive também fracassos, não me saí bem em algumas coisas que fiz, minha inexperiência e imaturidade me causaram decepções, fiz ideias grandiosas de mim, imaginei-me jogador de futebol como o Neymar. A realidade depois confirmou que era fantasia. Desenvolvi habilidades, descobri dons, encontrei-me com minhas deficiências. Alegrei-me com fatos positivos, entristeci-me com perdas, com experiências dolorosas.

Tudo isso faz parte de uma história que me pertence!

A seguir um roteiro para você descrever sua história.

Escreva-a com a maior sinceridade e liberdade possível. Quem não conhece bem sua própria história tem menos chance de desfrutar da vida com tudo o que ela oferece de bom e menos bom. A felicidade de cada um passa também pela integração de si em sua própria história.

1. Nome:

2. Data de nascimento: /   /   Idade:

3. Cidade de nascimento: Estado:
   Procedência: ( ) urbana ( ) rural

4 Nível de escolaridade:
   ( ) fundamental ( ) médio ( ) superior

5. Nome do pai: Profissão:
   Nome da mãe: Profissão:

6 Quantos irmãos você tem? ( ) homens ( ) mulheres
   Qual a posição que você ocupa entre eles?

7. Seus pais são descendentes de:
   Pai: Mãe:

8. De que esporte gostava quando criança?

9. Você torcia para algum time? Qual?
   Quando ele perdia, como você se sentia?
   Quem era seu ídolo no esporte?
   Que outras pessoas (em geral) você admirava no mundo?
   Você já sentia vontade de ser como algumas delas?
   O que mais admirava nelas?

10. Descreva um pouco o lugar onde passou sua infância.

11. Você lembra quem eram os amigos(as) com quem mais conviveu?

12. O que você acha da educação que recebeu?

13. Na sua casa, quem mandava mais: pai, mãe ou outra pessoa (irmão, irmã, avô, avó)?

14. Você foi criado por quem?

15. Qual a religião de seus pais?

16. O que destacaria em sua história pessoal que o tenha marcado?

17. Se pudesse, o que modificaria na educação que recebeu no ambiente familiar?

18. Você poderia contar, ao menos, dois tipos de dificuldade que enfrentou em sua vida até aqui?

19. Conte três sonhos para o futuro que você desejava realizar quando crescesse.

20. Que idade tinha quando sentiu o desejo de seguir sua vocação?

21. Alguém o incentivou?
Quem?
O que admirava nessa pessoa?

22. Havia algum problema mais sério de relacionamento entre os membros de sua família?
Em caso afirmativo, qual?
Isso afetou você?
Como você acha que isso poderia ser resolvido?
Seus pais vivem juntos?
Algum deles é falecido?

Se for, qual?

De que morreu?

Que idade você tinha na época?

Você sente muito a falta dele(a)?

23. Havia alguém com doença na família?

24. Qual a principal dificuldade enfrentada por sua família? Segundo sua opinião, o que precisaria ser feito para diminuir essa dificuldade?

25. Quais os sentimentos que percebia que estavam mais presentes em você?

26. Que sonhos ainda não realizou em sua vida?

27. Em que você sentiu mais dificuldade?

28. Diga três coisas que você sentia prazer em fazer.

29. Quais eram suas três cores preferidas?

30. Imagine-se agora participando de um encontro de jovens. No primeiro dia disseram-lhe que haveria a brincadeira do "amigo secreto". Foi pedido que cada um escrevesse uma autodescrição numa folha de papel, sem dizer o próprio nome, e a deixasse numa cestinha. Depois, cada um pegaria um dos papéis com as características de seu "amigo secreto". Disseram, ainda, que no último dia seria feita a revelação. Mas cada um deveria reconhecer o "amigo secreto" pela autodescrição e observação durante os dias de encontro.

Como você se autodescreveria, informando a seu "amigo secreto" sobre sua maneira de agir, sobre sua personalidade, sobre seus gostos, sobre seu caráter etc.? Ele deve ser capaz de reconhecê-lo no final do encontro, somente lendo sua autodescrição e pela observação dos participantes. Tente descrever-se dando dicas para seu "amigo secreto" reconhecê-lo.

c) Roteiro 3 – História que me marcou

MINHA HISTÓRIA ME MARCOU – MOTIVAÇÃO

Tomo consciência de que a história que vivi deixou marcas em mim. As experiências que aconteceram comigo ou aquelas de que participei com outros não foram meros fatos que passaram sem deixar sinais. Percebo que há traços em mim que são resultados de hábitos que adquiri, muitos deles facilitam minha vida, outros a emperram. Muita coisa que aconteceu comigo ajudou-me a crescer e a desenvolver-me de modo sadio. Outras coisas que aconteceram ficaram como "problemas mal resolvidos" que me prendem a jeitos infantis de lidar com a vida. Sei que na convivência com as pessoas houve influências recíprocas. Sei também que isso é normal na vida de qualquer um. À medida que fui convivendo com os outros, principalmente os mais chegados, familiares e amigos, foram se tornando pilares sobre os quais me apoiei e fui construindo uma imagem de mim mesmo, fui testando minha autoestima. Hoje tenho consciência de que minha história me marcou, mas sei também que aquilo de que lembro não é tudo o que vivi. Há em meu inconsciente muitas memórias afetivas que desconheço, mas sei que influenciam meu cotidiano. Estão dentro de mim e as desconheço! Agem sobre mim sem minha licença explícita, limitam minha liberdade e não me avisam, fazem coisas que detesto depois, pago um preço alto por coisas que não decidi. Nas cadeias de meus neurônios se esconde uma história marcada por tudo aquilo que aconteceu comigo. Nada foi "nuvem passageira", pelo contrário, tornou-se terra firme, onde há boa semente, mas também mistérios escondidos, fantasmas que assustam. Desvelar o que é possível é um desafio que encontro para ter minha história mais à palma de minha mão. Tê-la mais sob meu domínio me permite direcioná-la com mais segurança e menos ansiedade nos dias que estão à minha frente como caminhos a serem trilhados.

Aceito pagar o preço da descoberta de mim. Minha história me marcou, por isso quero conhecê-la melhor para que ela não pareça escrita por um autor anônimo. Para que eu seja sujeito dela, então me proponho a olhar as marcas que ela deixou em mim.

A seguir um roteiro para você escrever a "História que me marcou":

1. Com quem você se acha parecido em sua família?
2. As pessoas (seus familiares) diziam que você era parecido com quem? Por quê?
3. Que apelido(s) você teve?
4. Com quem o comparavam? Por quê?
5. O que as pessoas diziam que você seria quando crescesse?

Sentimentos e emoções

6. O que era "feio" manifestar (fazer ou dizer)?
7. O que não se podia fazer diante de pessoas estranhas?
8. Qual atitude sua era elogiada?
9. O que não se podia dizer ao pai ou à mãe?
10. O que acontecia quando você "desobedecia"?
11. De que você tem/tinha vergonha?
12. Que sentimentos você tinha/tem mais dificuldade de manifestar?
13. Quando você encontrava/encontra com pessoas pela primeira vez, qual era/é sua maneira de se comportar?
14. Se você se irritava/irrita com alguém ou alguma coisa, costumava/costuma manifestar seu sentimento ou tendia/tende a ficar mais calado (engolir)?

15. Se alguém lhe fazia/faz algum desaforo, qual era/é sua reação costumeira?

16. Você se considera uma pessoa que tem facilidade de manifestar o que sente e pensa ou tende a guardar as coisas mais para si?

17. Quando você ficava/fica com raiva, o que você fazia/faz?

Relacionamento com os outros

18. Como ensinaram você a relacionar-se com as pessoas?

19. Quando chegava em sua casa alguém de fora, como ensinavam você a se comportar (o que deveria fazer)?

20. O que você deveria fazer quando fosse à casa de alguém?

21. O que você não podia contar aos de "fora"?

22. Se alguém oferecesse alguma coisa, o que você deveria fazer?

23. O que você nunca ouviu falar em sua casa?

24. Que assuntos você percebia que seu pai/mãe tinham vergonha de falar para você ou perto de você?

25. O que seu pai/mãe dizia quando você tocava em algum assunto proibido em casa?

26. Sobre o que você teve que aprender sozinho?

27. Você tem amigos?

28. Descreva como deveria ser uma pessoa para ser considerada como seu amigo/a.

29. Você tem mais facilidade de fazer amizade com homem ou mulher? Por quê?

30. Em que situações você costuma procurar seus amigos/as?

31. Você já confidenciou coisas muito pessoais para alguma pessoa? Por quê?

32. Há pessoas com quem você não se dá bem? Por quê?

33. Já aconteceu de ficar magoado com alguém? Que tipo de coisa o magoa? O que você faz quando está magoado?

34. Você já foi líder em algum grupo (jovem, escola, outros)?

35. O que você prefere quando está num grupo: ter algum papel de liderança ou só participar? Por quê?

36. Você se considera uma pessoa sensível diante dos outros ou é mais fria?

37. Tem alguma coisa em seu temperamento que gostaria de mudar ou controlar melhor? O quê?

38. O que você acha que atrapalha (você ou os outros) no relacionamento com as pessoas?

39. Fale um pouquinho como deveria ser uma amizade sadia entre duas pessoas.

40. Como você costuma expressar seus sentimentos, quando gosta de alguém?

41. O que acha do namoro?

42. Você já namorou? Se já, como avalia essa experiência? Se não namorou, gostaria de ter namorado? O que o impediu?

Experiência de trabalho

43. Você já teve algum emprego? Em caso afirmativo, qual(is)?

44. Você já recebeu salário por seu trabalho?
O que fazia com ele?

45. O que acha de uma pessoa que não trabalha?

46. O que pode ser considerado trabalho, segundo você?

Desenvolvimento de sua fé

47. Que ideia de Deus lhe foi transmitida (quem diziam que era Deus)?

48. O que lhe diziam, quando fazia alguma coisa errada?

49. O que era pecado?

50. O que acontecia quando você não seguia as regras estabelecidas?

51. Que orações aprendeu em casa?

52. Que valores eram ensinados a você por seus pais?

53. Vocês cultivavam alguma devoção em casa (novenas, terço etc.)?

54. Sua família participava da comunidade (capela/paróquia)? Com que frequência?

55. Você ou alguém de sua família exercia/exerceu encargos na comunidade? Quem?

56. Com que idade fez a Primeira Eucaristia? E a Crisma?

57. Com que idade se sentiu atraído a ser religioso (padre/freira)? Com que idade entrou?

58. O que despertou sua vocação?

59. Qual a religião de seus pais atualmente?

60. Alguém de sua família segue outra religião ou é ateu? Em caso afirmativo, quem e qual religião? Isto traz dificuldade para você?

61. Escreva um pouquinho sobre quem é Jesus Cristo para você.

62. Qual o santo ou santa que mais admira? Por quê?

Educação afetiva/sexual

63. Como foi sua educação sexual?

64. Segundo você, ela foi adequada ou marcada por muitos tabus?

65. Onde aprendeu o que sabe (em casa, na escola...)?

66. Com quem conversava/conversa sobre sexualidade?

67. Que perguntas ainda tem em relação à sexualidade?

68. Com quem esclarece suas dúvidas sobre sexualidade?

69. Já se apaixonou por alguém?

70. Como vê o casamento?

71. Se fosse casar, o que faria igual e o que faria diferente de seus pais?

Vida escolar

72. Quantos anos tinha quando foi para a escola?

73. Alguma experiência (positiva ou negativa) o marcou nos primeiros anos de escola? Em caso afirmativo, conte resumidamente.

74. Que matéria(as) mais gostava/gosta de estudar?

75. Como foi/é seu desempenho escolar: estava/está entre os melhores alunos, entre os medianos, entre os que conseguiam/conseguem média para passar, entre os piores?

76. Você ficou em recuperação alguma vez? Já foi reprovado?

77. Você se considera uma pessoa com inteligência para fazer coisas práticas mais que para coisas abstratas?

78. Quando lê o texto de um livro, tem facilidade em memorizar o que leu?

79. Depois que começou a estudar, teve que interromper os estudos por algum motivo?

Considerando aquilo que conhece de sua vida, destaque os aspectos mais marcantes de sua história até aqui. Faça uma espécie de lista, resumindo esses aspectos:

d) Roteiro 4 – Revendo minha história

TENHO QUE REVER MINHA HISTÓRIA – MOTIVAÇÃO

Até aqui constatei que tenho uma história e ela me marcou. Percebo que isso não é suficiente. Afinal, acredito em minha capacidade de ser livre e poder a cada momento novo de minha vida vivê-la de modo original, sem pensar que vou ser apenas uma repetição do meu passado. Isso seria muito fatalismo. Porém, não posso ignorar a força que meu inconsciente tem de me condicionar, de me fazer repetir coisas que já poderiam ser feitas de outro jeito, se eu tomasse consciência delas e revisse algumas atitudes e hábitos condicionados. Sei que admitir algumas maneiras infantis que tenho não é fácil, porque mexem com a imagem que imagino ter e com minha autoestima. Se quero livrar-me de alguns resquícios do passado que ficaram mal elaborados em mim, tenho de ter coragem e disposição de rever aspectos de minha história. Rever não significa que vou ter de abrir mão de minhas experiências. Isto seria engano! Todas as experiências que já vivi bem ou mal, elas me pertencem. O que posso abrir mão é de certas consequências que essas experiências deixaram em mim, no meu inconsciente. A tentativa que vou fazer de rever minha história é com essa finalidade. Entender minhas experiências em seu contexto maior, já que à época em que eu as vivi não me dei conta ou mesmo não tinha condições psicológicas, culturais e de maturidade para integrá-las em mim de modo diferente. Por isso, hoje, sei que vou ter de pagar um preço mais caro, porque algumas coisas como que criaram raízes em mim e me viciei em interpretá-las sempre da mesma maneira, distorcidamente. Eu as percebo por seus sintomas, pelas interpretações que dou, e não me satisfazem nem resolvem meu problema. Por isso considero necessário rever aspectos de minha história.

O roteiro que vem a seguir tem esse propósito! Ajudá-lo a rever sua história...

1. Quais frases ouviu muitas vezes de seu pai/mãe sobre a vida, que para eles eram coisas importantes e continuam válidas para você, servindo, às vezes, para orientá-lo em suas escolhas? Com respeito a quais frases, hoje, você discordaria deles?

2. O que mais fortemente o marcou, com relação à educação que recebeu? O que mantém e o que pensa em mudar?

3. Os pais são humanos e limitados como todas as pessoas, daí que, apesar das boas intenções e esforços, também eles falharam ou foram deficientes em alguns aspectos da educação que deram/dão a seus filhos. Quais deficiências vê em seus pais em relação à educação que deram a você?

4. Que perguntas ainda ficaram sem respostas para você?

5. Quais desafios considera que irão melhorar a imagem de si mesmo que construiu até agora?

6. Depois de ter feito estas quatro partes de sua autobiografia (1, 2, 3, 4), o que gostaria de dizer, em síntese, de si mesmo (como se autodefiniria)?

7. Para concluir sua autobiografia, desenhe numa folha à parte um autorretrato (faça sua própria foto).

8. Depois que tiver desenhado seu autorretrato, escolha uma parte (um membro de seu corpo, por exemplo) que você acha que melhor o representaria. Escreva por que você escolheu essa parte.

Muito bem, você acabou de relembrar e contar coisas muito importantes de sua vida. Certamente gostou de rever algumas coisas, outras foram um pouco mais difíceis. O importante é que conseguiu (re)escrever um pouco do que já conhece de si mesmo, e isso lhe dá uma imagem própria. Se descobriu que tem algumas coisas que ainda não estão bem claras, isso significa que é mais do que pode lembrar, e também que pode crescer ainda mais. Se notou que tem algum problema que não achou conveniente escrever aqui no papel, mas gostaria de conversar sobre isso, procure alguém de sua confiança e faça isso. É o melhor jeito que tem para continuar escrevendo sua história e construindo cada vez mais uma imagem autêntica e real de si mesmo.

e) **Roteiro 5 – Minha história vocacional**

TENHO UMA HISTÓRIA VOCACIONAL – MOTIVAÇÃO

Já há algum tempo venho alimentando um sonho de viver minha vida dedicada a uma causa que vá além de mim mesmo. Dei-me conta um dia de que vim ao mundo para realizar uma missão. Fui sentindo-me atraído por certos valores que no início não me eram nem mesmo muito claros, mas eles me fascinaram!

Arrisquei-me e resolvi persegui-los. Tenho consciência agora de que não basta o entusiasmo inicial pelo qual fui cativado. Tudo o que se quer de mais duradouro para a vida tem um preço. As coisas foram acontecendo devagarinho. Já passei por momentos diferentes nesta caminhada. No início, talvez ainda ingênuo, imaginava tudo mais fácil. Com a experiência, fui pondo os pés mais no chão e percebendo que os valores em si não perdem seu sentido, mas eu nem sempre consegui manter o encanto forte que tive no início. Percebo que para torná-los fortes dentro de mim é preciso cultivá-los e também superar arestas interiores, bem como impulsos, desejos contrários a eles. Vejo que eles valem a pena, mas exigem renúncias. O projeto de Deus para mim conta com minha participação ativa e responsável. No fundo está em minhas mãos decidir o que vou fazer de minha vida e de que maneira vou vivê-la.

Aceitando o desafio vocacional, assumo também os riscos inerentes e o preço a pagar pela conquista que desejo fazer. Discernir as várias alternativas que se apresentam diante de mim: eis o compromisso que tenho neste momento de minha vida! Estou percebendo que tenho uma história vocacional, ainda incompleta, é verdade, mas autêntica! Quero aprofundar-me no conhecimento dela!

A seguir, um roteiro para você escrever sua história vocacional:

1. Você lembra como e quando aprendeu a falar de Deus?

2. Que imagens já fez de Deus? Qual a que você tem hoje? Quem é ele para você?

3. Você lembra quando começou a se sentir atraído pela vocação que está abraçando? Conte como foi?

4. Como imaginava a realização de seu sonho (vocação)?

5. De lá para cá mudou alguma coisa? Quais sinais, atitudes em sua vida expressam a mudança que ocorreu?

6. Consultando o fundo de seu coração, como você se projeta para daqui a 10 anos em relação a sua vocação?

7. Você passou por momentos de crise? O que elas significaram para você?

8. Se tivesse que descrever o sentido de Jesus Cristo para sua vida, como você o faria?

9. Descreva um fato ou experiência significativa em sua história vocacional. Como a vivenciou?

10. Por que motivos você a classificou como significativa?

11. O que você espera neste ano em termos de crescimento pessoal em relação a sua escolha?

12. Se no futuro fracassar em algum propósito assumido, como imagina que vai reagir?

13. O que considera fundamental para que sua vocação se firme e seja força dentro de você?

14. Como você descreveria sua fé hoje?

15. Que valores considera básicos para alicerçar e fortalecer sua vocação?

16. Quais alegrias e dificuldades espera encontrar tendo como base a opção que fez?

17. Quais aspectos da missão da congregação/diocese correspondem aos seus anseios vocacionais?

18. Está valendo a pena sua experiência atual? Algo tem surpreendido você em termos de expectativas (positiva ou negativamente)?

f) Roteiro 6 – Meu futuro

MINHA HISTÓRIA PROJETADA NO FUTURO – MOTIVAÇÃO

Todo ato humano começa com um desejo. Ninguém vai ao supermercado se não sabe que existe supermercado. Você também tem ou teve sonhos, desejos que gostaria de realizar. Certamente também já imaginou sua vida diferente, se tivessem acontecido certas coisas sonhadas por você.

Agora você é convidado a escrever uma história baseada na tarefa a seguir:

Tarefa

Imagine-se num disco voador sendo levado através do tempo para um ponto após o fim de sua vida. Você encontra lá uma fita de vídeo que lhe mostra a história de sua vida desde hoje (data atual) até o fim. Descreva a história contada no vídeo, mas da maneira como desejaria que tivesse sido.

Quando estiver escrevendo, imagine que está se comunicando com uma pessoa interessada em conhecer sua vida, mas que até agora não sabe nada sobre ela. Escreva a história diretamente como lhe vem à mente, de uma só vez, se possível. Não há necessidade de prestar atenção à sintaxe, estrutura e ortografia.

O tamanho da história depende de você, mas tente incluir tudo o que considera realmente importante.

Capítulo IV

Origem e desenvolvimento da imagem de Deus na criança

Para entendermos a imagem de Deus que cada um cultua dentro de si, é necessário verificar como ela é formada pelo indivíduo e quais são os processos implicados nessa elaboração. Comecemos por aludir à apresentação feita pelo Frielingsdorf.

A imagem de Deus se forma nos primeiros anos de vida

Para Frielingsdorf,[1] a imagem de Deus se forma nos primeiros anos de vida e é influenciada pelo ambiente sociocultural. Os primeiros mediadores desta formação são os genitores. Até os 3-4 anos, a criança "pensa" por imagem e símbolos. Nas fases sucessivas, até 6-7 anos o seu pensamento é determinado pelas observações que vai fazendo; por isso, antes de se formar a ideia de Deus, forma-se a imagem de Deus (representação de Deus, segundo Rizzuto).[2] A

---

[1] FRIELINGSDORF, K. *Ma Dio non è cosi*. Milano, San Paolo, 1996, pp. 22-28.
[2] RIZZUTO, A. M. *O nascimento do Deus vivo*. São Paulo, Sinodal, 2006.

criança ainda não tem condições de desenvolver um conceito transcendente de Deus. Na fase mágico-mítica[3] pode fazer afirmações sobre Deus, mas serão ainda imprecisas. Em sua imaginação, pode "pensar" Deus como um gigante. Certamente suas afirmações sobre Deus não correspondem às da revelação bíblica, que propõe como imagem de Deus o "totalmente outro". Contudo, a imagem de Deus da criança é uma operação criativa, ainda que os elementos religiosos das imagens e representações cheguem a ela através de seu ambiente sociocultural. Essa participação ativa da criança em criar representações encontra-se em seu poder imaginativo, o poder de criar imagens interiores seja pela percepção dos objetos próximos (reais), seja por aqueles imaginados. Tal capacidade criativa pode ser usada na formação e desenvolvimento das imagens de Deus. Entretanto, pode haver o perigo de que imagens estereotipadas se instalem muito precocemente e determinem fixações e uma limitação para a fantasia da criança, que bloqueiem suas reformulações posteriores.[4]

Para Frielingsdorf, é necessário distinguir três aspectos para uma correta mediação da imagem de Deus para a fé cristã:

a) Deus é um Deus pessoal, alguém que me ama e é muito importante para mim.

b) Deus é também um Deus universal, superior ao mundo e independente deste, não vinculado às leis naturais. Ele está sempre presente para todas as pessoas.

c) Deus é o "totalmente outro", um mistério inacessível.

---

[3]   FOWLER, J. W. *Estágios da fé*. São Paulo, Sinodal, 1992, p. 108.

[4]   LIDZ, T. *A pessoa, seu desenvolvimento durante o ciclo vital*. Porto Alegre, Artes Médicas, 1983, p. 103. Cf. também GUARDINI, R. *As idades da vida, o seu significado ético e pedagógico*. São Paulo, Quadrante, 1990, pp. 9-10. Veja-se, também, BISSI, A. *Maturità Umana: Caminno di trascendenza*. Casele Monferrato, Ed. Piemme, 1991, cap. 2.

A origem da imagem de Deus na criança, como já se acenou, inicia-se na infância e sua primeira representação é formada na relação com a mãe. Ela tem poder sobre a vida e sobre a morte, pode acolhê-lo ou rejeitá-lo. "Ela é aquela em quem ele se apega, e representa sua segurança, é seu absoluto." A mãe é "o primeiro deus" da criança, ou melhor, o primeiro "símbolo de Deus".

> É com base na experiência concreta da criança, a mãe, sendo no início a única presença, é percebida de forma ambivalente: amável ou distante, fonte de segurança ou insegurança, que diz "sim" ou "não". Tudo isso pode contribuir para uma primeira relativização da mãe como símbolo de Deus.[5]

A mãe, como figura de referência primária, mais tarde é integrada e substituída por outras figuras, mas a estrutura da relação materna é fundamental.

Funke[6] propõe três fases para o desenvolvimento da imagem de Deus. Na primeira, a criança procura prolongar a condição paradisíaca da total inseparabilidade, idealizando a mãe e atribuindo-lhe toda perfeição: "A fé aparece como um elo contrário à unidade paradisíaca originária, em que Deus possui todos os atributos de uma mãe que nutre e protege". Na segunda fase, a criança atribui a si própria as perfeições imaginadas na própria mãe. Com o desenvolvimento de algumas funções importantes, como ficar de pé, caminhar, "cresce o prazer de dominar o mundo". Nasce aí uma forma de fé em que, através da identificação com o divino, há uma tentativa de salvar as imagens ainda não superadas da onipotência e perfeição. A onipotência narcisista é salva mediante a

---

[5] FRIELINGSDORF, op. cit., p. 24.
[6] FUNKE, apud FRIELINGSDORF, op. cit., p. 25.

assimilação da onisciência e da onipotência divina. Como a imagem de si idealizada não resolve a crise narcisista, emerge uma terceira fase em que a criança se volta para o pai, que tem o poder de dissolver a situação simbiótica mãe-filho e é percebido pela criança como aquele que "proíbe", se opõe a sua relação exclusiva com a mãe (fase edípica de Freud). É nessa idealização paterna que nasce "a fé em um Deus-Pai onipotente e onisciente, que age, sobretudo, na formação do superego como autoridade e responsabilidade na liberdade". Os genitores certamente têm um papel importante no desenvolvimento da imagem de Deus na criança, contudo, não são os únicos. Além de outras pessoas significativas para a criança, o próprio mundo objetivo exerce influência, como também a própria cultura.[7] A interiorização das imagens dos genitores é integrada através do impacto e do confronto com o ambiente circundante.[8] As raízes psíquicas dos símbolos religiosos e das imagens de Deus se formam na "transição da criança da unidade originária com a mãe para a autonomia

---

[7] ROGOFF, B. *A natureza da cultura no desenvolvimento humano*. Porto Alegre, Artmed, 2005.

[8] KERNBERG, O. *Early ego integration and object relations*. Annales of the N.Y., Academy of Sciences, 193, 1972, pp. 233-247. Cf. Também KERNBERG, O. *Object relations theory and clinical psychoanalysis*. New York, Jason Aronson, 1976. Em síntese, os Estágios de Kernberg são: Estágio I (0-1 mês). O estágio I é o do autismo normal. Objetos são indiferenciados. Estágio II (2 – 6-8 meses). É o estágio da simbiose, da representação indiferenciada do *self* objeto. Se formam dois grupos de relações de objetos: um grupo consiste nas representações da "boa" (*good*) representação do objeto e a outra da "má" (*bad*) representação do objeto. Isso se dá porque a criança é incapaz de integrar valências afetivas opostas. Estágio III (6-8 meses – 18-36 meses). Nesse estágio se dá a diferenciação do *self* com as relações com os objetos. Há o desenvolvimento do *splitting* (clivagem) normal. A criança começa a integrar o *self* e as representações objetais boas e más num conceito de *self* integrado. Estágio IV (36 meses – período edípico). Neste estágio se dá a integração das representações do *self* e das representações do objeto e o desenvolvimento de um nível mais alto de relações objetais intrapsíquicas derivadas das estruturas. A criança forma o que Kernberg chama de "representação objetal total". Há ainda um Estágio V, que é a consolidação da integração do superego e o ego.

de uma existência própria".[9] O desenvolvimento ulterior da imagem de Deus na primeira infância é um processo de aprendizagem dinâmico e global.[10]

Imagens de Deus ambivalentes

No processo de desenvolvimento da imagem de Deus na criança, tais imagens não se formam univocamente. Podem ocorrer contradições. Em primeiro lugar, porque Deus não pode ser compreendido e expresso no seu "existir" e em seu "modo de existir". Há nele a coincidência dos opostos. Em segundo lugar, pode haver contradição entre as imagens de Deus conscientes e as inconscientes, sem que sejam percebidas em nível racional crítico. Em nível consciente, prega um Deus de amor, e em nível inconsciente, experimenta um Deus que a enche de culpas e medos. Em terceiro lugar, pode haver discordância entre a imagem de Deus mediada e aquela experimentada pessoalmente. Por exemplo, há uma imagem positiva de Deus aprendida na catequese, mas que não foi internalizada[11] e, no entanto, predomina uma imagem mágica, pagã. Por exemplo, confessa crer em Cristo, mas se apega a duendes. Em quarto lugar, como afirma Rodin,[12] "frequentemente as crianças vivem não só a imagem de Deus transmitida a elas conscientemente, como também aquela inconsciente 'remetida' pelos pais e educadores". Os medos e os sentimentos de culpa que lhe advêm contribuem para criar na criança imagens negativas de Deus, as quais de maneira

---

[9] FRIELINGSDORF, op. cit., p. 27.
[10] ARNOLD, H.; MODELL, M. D. *Amor objetal e realidade.* Rio de Janeiro, Imago, 1973.
[11] RULLA, L. M. *Antropologia da vocação cristã.* São Paulo, Paulinas, 1987, pp. 415-421.
[12] RODIN, apud FRIELINGSDORF, op. cit., p. 30.

incontrolada influenciam sentimentalmente suas atitudes em relação a Deus. Essas imagens negativas de Deus estão, muitas vezes, protegidas ou escondidas nos significados inconscientes das palavras-chave. Complementando a análise de Frielingsdorf, examinemos a contribuição de Rizzuto.

Desenvolvimento da representação de Deus

Todas as nossas atitudes morais, práticas ou emocionais, bem como as religiosas, devem-se aos "objetos" da nossa consciência: as coisas que acreditamos existir, seja real, seja idealmente, junto de nós. Tais objetos podem estar presentes nos nossos sentidos, ou podem estar presentes apenas no nosso pensamento. Em qualquer desses casos eles provocam em nós reações, e a reação produzida por coisas do pensamento é, notoriamente, em muitos casos, tão forte quanto a produzida por presenças sensíveis.[13]

Rizzuto, analisando o desenvolvimento da representação de Deus, trata também do desenvolvimento humano como tal, tendo como base a visão psicanalítica, embora vá além desta. Vejamos alguns conceitos básicos de sua visão de desenvolvimento humano. Isto facilitará a compreensão do desenvolvimento das representações de Deus.

O desenvolvimento humano

Para Rizzuto, o desenvolvimento humano se dá num longo caminho que percorre a vida do indivíduo do nascimento até a morte. Esse caminho, porém, é feito por etapas

---

[13] JAMES, W. *As variedades da experiência religiosa*. São Paulo, Cultrix, p. 44.

que caracterizam os diversos momentos do desenvolvimento. É dentro desse processo que a criança desenvolve não só suas potencialidades, mas vai aprendendo a elaborar dentro de si as experiências que faz e assimilando-as na interação com o ambiente que a cerca. Há uma influência mútua entre o sujeito (criança) e o ambiente circundante, inclusive no aspecto religioso. Um modifica o outro. Como diz Rizzuto:

> A nova pessoa assume forma anatômica, cresce, experimenta sentimentos, aprende, age, ama, cria, faz descobertas, se reproduz, se volta para Deus e, consciente da morte biológica, se interroga sobre o significado de tudo isso. O desenvolvimento humano transforma a sua energia biológica em funções simbólicas que habilitam a pessoa a entrever outras realidades além das limitações perceptivas do corpo. Para alcançar esta realidade, os seres humanos desenvolvem uma função que abre as portas a tudo aquilo que é significativo em nível psíquico, interpessoal e religioso: é a função do crer. Não há vida psíquica sem esta função. A função do crer produz como consequência um conteúdo específico de fé, o qual depende sempre do contexto de experiências do Eu em um momento particular existencial. (...) o processo de desenvolvimento humano é consequência da contínua compenetração do organismo e do seu ambiente físico e humano.[14]

Para Rizzuto, as funções psíquicas emergentes têm um período crítico para organizar seus fundamentos anatômicos cerebrais e suas atividades, sob o impulso de uma apropriada estimulação sensorial. Assim, com o emergir de novas funções cerebrais deve também ocorrer o estímulo correspondente do ambiente, caso contrário a psique não poderá

---

[14] RIZZUTO, A. M. Sviluppo: dal concepimento allá morte. Reflessioni di uma psicoanalista contemporânea. In: MANENTI, A.; GUARINELLI, S.; ZOLLNER, H. (org.). *Formazione e Persona*. Bologna, EDB, 2007, pp. 1-2.

se desenvolver normalmente. Citando Wexler[15] em sua tese central: "o ambiente dá forma ao cérebro segundo a própria imagem"; por exemplo, os brasileiros sentirão, pensarão, se comportarão como brasileiros; os católicos como católicos, os muçulmanos como muçulmanos. É assim, segundo Rizzuto, porque nos "seres humanos, uma parte significativa da conformação evolutiva do cérebro e das suas funções ocorrem depois do nascimento sob a influência do ambiente". Isto parece fazer coro com aquilo que já foi dito anteriormente, sobretudo em referência à influência das figuras parentais, mormente na comunicação afetiva. Para Wexler, "a natureza de uma pessoa é o cuidado de uma outra pessoa", pois, segundo ele, a nossa biologia é social, "é de nossa natureza ter cuidado e ser cuidado".[16]

Seguindo ainda Rizzuto, concordamos que "as estimulações sensoriais, cognitivas e afetivas constituem o meio onde o indivíduo cresce tanto física como emocional e socialmente". São nossos sentidos os primeiros canais de contato com a realidade. É através deles que o mundo (ambiente) entra em nós. Os estímulos que deles recebemos pelas nossas percepções[17] serão integrados dentro das estruturas de nosso cérebro e nos processos neurais e psíquicos. A complexidade

---

[15] WEXLER, B. *Brain and culture: neurobiology, ideology and social change.* Cambridge, The MIT Press, MA, 2006, p. 15s.

[16] RIZZUTO, A. M. *Capacità di credere.* Considerazioni psicologiche sulla funzione del credere nello sviluppo personale e religioso, p. 2 (palestra proferida em 30/03/2007, na Pontifícia Universidade Gregoriana, Roma. Disponível em: www.unigre.it/strutura--didatica/psicologia/specifico-2/ex-alunni-it.php. Acesso restrito a ex-alunos).

[17] Aqui seria interessante fazer uma discussão sobre a questão da percepção, definindo-a segundo sua natureza e suas características, bem como os fatores pessoais e sociais que a influenciam; contudo, faço apenas a indicação de um estudo sobre percepção que se encontra em: CENCINI, A.; MANENTI, A. *Psicologia e formação.* São Paulo, Paulinas, 1988, pp. 191-225.

dos 100 bilhões de neurônios com os milhares de conexões[18] que fazem entre si através de reações químicas e elétricas, como diz Wexler, estão "fora de qualquer compreensão". Tal complexidade registra todas as atividades, as organiza e as transforma em processos mnemônicos em forma de "representações duradouras do ambiente".[19] Essas representações não conscientes integram na estrutura do próprio cérebro a permeação entre ambiente e indivíduo e se tornam esquemas pessoais de experiência, compreensão, relação e sentimentos de satisfação ou aflição. "Aqueles que cuidam de nós e o nosso ambiente tornam-se intrínsecos ao nosso próprio ser."[20] Ainda de acordo com Rizzuto, pode-se dizer que:

> (...) aquilo que o cérebro registra e organiza transforma-se, na mente, em representações interligadas. O processo representacional está intimamente ligado ao cérebro afetivo, criando uma espécie de versão pessoal do ambiente que encontra, de modo especial nas interações afetivas entre o bebê e a pessoa que toma conta dele.[21]

Se a experiência afetiva da criança é marcada em todos os níveis prevalentemente por aspectos positivos, isto é, agradáveis, instaura-se nela um senso de bem-estar. Caso contrário, se as experiências são desagradáveis, isto é, causam dor psíquica, a criança desenvolverá então mecanismos psíquicos de defesa permanentes para evitar o risco de experimentar tais sofrimentos psíquicos novamente. Contudo, os processos de representações do eu registram essas experiências que permanecem em nível inconsciente ao longo da vida do sujeito,

---

[18] Para uma ilustração sobre o funcionamento dos neurônios, pode-se ver o DVD produzido pela BBC Worldwise de Londres, na série *O corpo humano*, filme 5: O poder do cérebro, divulgado no Brasil pela Revista *Super Interessante*, da Editora Abril, no vol. 3, 2001.

[19] WEXLER, op. cit., p. 24.

[20] RIZZUTO, *Capacità di credere ...*, op. cit., p. 3.

[21] Ibidem, p. 3.

a menos que intervenções terapêuticas ajudem a ressignificá-las. Aqui parece corresponder àquilo que já foi dito, comentando-se Magda Arnold, quando falávamos da "memória afetiva", que são os registros inconscientes das experiências passadas. A isto podemos chamar também de "formação de estalactites".

Como diz Rizzuto:

> A mente representacional funciona, infalivelmente, como uma biografia consciente e não consciente dos encontros do indivíduo com os outros enquanto eventos emocionais. A experiência do eu do indivíduo está registrada na rede sináptica e nas memórias celulares que fornecem as bases funcionais neurais do seu senso de identidade pessoal. (...) a mente representacional registra também as suas interações sensoriais e simbólicas com outros aspectos da realidade.[22]

Concluindo as observações sobre o desenvolvimento humano nos aspectos antes referidos, podemos resumir com Rizzuto que "as interações originárias com os genitores são assumidas nas representações fundamentais do eu e do objeto que condicionarão as suas sucessivas relações, incluindo a relação com Deus".[23]

Formação da representação de Deus

Em *O nascimento do Deus vivo*,[24] Rizzuto trata longamente da formação, ou melhor, do desenvolvimento das representações de Deus pelo sujeito. Segundo ela:

---

[22] Ibidem, pp. 3-4.
[23] Ibidem, p. 4.
[24] RIZZUTO, A. M. *O nascimento do Deus vivo*. São Leopoldo, Sinodal, 2006.

O processo desenvolvimental de formar uma representação de Deus é excessivamente complexo e é influenciado por uma diversidade de fenômenos culturais, sociais, familiares e individuais, que vão desde os níveis biológicos mais profundos da experiência humana até a mais sutil das realizações espirituais.[25]

A elaboração da imagem de Deus (sua representação) inicia-se na primeira infância, em torno dos dois anos e meio de idade, quando a criança começa a perguntar ao adulto o porquê das coisas. A representação de Deus toma forma no espaço entre os pais e a criança. Este é o mesmo espaço no qual Winnicott diz que construímos os "objetos transicionais". Quando falamos sobre objetos transicionais, estamos nos referindo à representação simbólica dos laços e vínculos que estabelecemos com outras pessoas importantes. O cobertor a que a criança se apega e carrega consigo aonde vai é um objeto transicional, simbolizando a segurança, o cuidado e asseguramento do retorno de seus genitores. O ursinho de pelúcia pode exercer a função de um objeto transicional que simboliza as qualidades da constância, da inocência, do amor que a criança espera receber dos pais ou dos seus cuidadores. Deus toma forma nesse mesmo espaço transicional e torna-se um representante transcendente de uma presença confiável e constância confirmadora.[26] Para Rizzuto, contudo, o objeto transicional Deus é muito específico, particular e único. Deus é diferente de todos os outros objetos transicionais porque não há um "outro" fisicamente presente no qual a simbolização possa ser projetada. A criança também observa que, diante desse ser misterioso, os adultos se

---

[25] Ibidem, p. 237.
[26] FOWLER, JAMES W. *Faithful change – the personal and public challenges of postmodern life*. Nashville, Abingdon Press, 1996.

comportam de modo solene, reverencial, constroem templos, criam artes, prestam culto. São representações poderosas que convidam a criança a construir suas representações emocionais e mentais de Deus. Por volta dos 2 anos e meio de idade, é a época em que a criança começa a dominar a linguagem e faz a descoberta de que os seres humanos criam e causam coisas. Quando o genitor diz "Deus é quem fez!", a criança pergunta: "Onde ele está?", "Quem o criou?", "Posso vê-lo?". O genitor lhe diz que Deus é invisível. Sua mente fantasiosa começa a elaborar uma imagem objetal do invisível que é ainda confuso e pouco real para ela. A criança observa os comportamentos e atitudes dos pais que rezam, se ajoelham, falam com Deus, ensinam-na a rezar. Ela fica sem um referencial visível dessas atitudes e começa a formar dentro de si uma representação desse ser misterioso.

Rizzuto argumenta que a elaboração da "representação objetal" da imagem de Deus é resultado das relações sociais e culturais e das crises que vão perpassando as etapas da vida. Essa representação de Deus é formada a partir das imagens dos genitores e de si, e estruturada mediante um complexo de memórias que são viscerais, simbólicas, sensoriais e só depois conceituais e intelectivas. O momento em que essa representação se forma é em torno dos 3 anos. A criança nessa idade é movida por uma nova capacidade de conceber a causalidade, começa a perguntar o porquê das coisas e projeta sobre Deus, de quem ouve falar por meio dos pais, as imagens idealizadas dos pais e sua própria grandiosidade. Cada um produz uma diferente representação objetal de Deus, que não é apenas a imagem idealizada da figura paterna, como pensava Freud, mas um objeto interno que é diferente da representação do pai. A diferença de um conceito de Deus da representação de Deus compreende uma dimensão inconsciente. Tais representações de Deus, uma vez formadas, interagem no psiquismo individual por toda a vida. Como diz Rizzuto:

> Cada indivíduo produz, ao longo do desenvolvimento, uma representação idiossincrática e altamente personalizada de Deus, derivada de suas relações objetais, suas representações em evolução do *self* e seu sistema ambiental de crenças. Uma vez formada, é impossível fazer com que essa representação complexa desapareça, ela tão somente pode ser recalcada, transformada ou usada.[27]

Freud entendia que as representações, uma vez formadas, não podem ser mudadas, a não ser com uma intervenção terapêutica. Rizzuto sustenta que tais transformações podem ocorrer mediante processos de reelaboração difíceis e dialéticos em que o componente conceitual e as imagens coligadas interagem em eventos críticos particulares do ciclo da vida. A

> representação de Deus muda conosco e com os nossos objetos primários na metamorfose ininterrupta, com as quais nos tornamos nós mesmos em um contexto de outros seres significativos.[28]

Aplicando essa afirmação, podemos dizer que as mudanças das palavras-chave – substituindo-as por outras – estão ligadas fortemente às experiências emocionais mais intensas que ocorrem na interação com o meio ambiente. Quanto a isso não há previsibilidade de quando irá ocorrer. Só podemos constatar quando elas acontecem e provocam no sujeito uma nova reelaboração de seus significados, e que quando se relacionam com experiências de Deus em sua religiosidade ocorre ou pode ocorrer a reformulação das representações de Deus.

---

[27] RIZZUTO, A. M. *O nascimento...*, op. cit., p. 127.
[28] Ibidem, pp. 127-128.

Criando nossos mitos: a perspectiva de McAdams[29]

"Mito é um discurso mentiroso que exprime a verdade em imagens."[30] Já Platão usava o *mythos* como mentira, em oposição ao logos que exprime a verdade. Da mesma forma considerava a imagem (*eidolon*) aparência sensível unicamente acessível ao espírito humano. Essa compreensão do mito foi modificada pelos neoplatônicos, que consideravam o mito também a alegoria como um meio de chegar ao verdadeiro, assim como a imagem sensível é um meio para se chegar às ideias.[31] O estudo dos mitos tem uma longa história,[32] como John Middleton afirma:

> Eles foram estudados por folcloristas, interessados principalmente nos motivos, sua evolução e distribuição; por psicólogos, interessados no que pode ser descoberto a partir deles sobre a psique individual; por linguistas; por historiadores da religião, interessados principalmente nas religiões mundiais; e, por último, por antropólogos.[33]

O mito é sempre um postulado simbólico e, como tal, precisa ser decodificada a realidade escondida em sua dimensão simbólica.

Hoje se considera o mito como um meio que representa uma forma acabada e complexa daquilo que pode ser chamado de linguagem simbólica ou significativa que o sujeito humano usa para exprimir-se. Tudo aquilo que dá sentido e

---

[29] MCADAMS, D. P. *The stories we live by.* New York and London, The Guilford Press, 1993.

[30] TEO DE ALEXANDRIA, séc. XII, citado por GRAZIANI, Françoise, in BRUNEL, Pierre (org.). *Dicionário de mitos literários*. 2. ed. São Paulo, José Olympio, p. 482 (*logos, pseudés eikonizon aletheiam*, in *Progymnasmata*, III).

[31] Ibidem, p. 482.

[32] SCHMIDT, B. E. A antropologia da religião. In: USARSKI, Frank (org.). *O espectro disciplinar da ciência da religião*. São Paulo, Paulinas, 2007.

[33] Ibidem, p. 84.

valor ao homem existente, tudo aquilo que o expressa, passa por essa linguagem simbólica.[34] Podemos dizer então que a verdade do mito é uma verdade simbólica. Ela propõe para o mundo, para a vida e para as relações humanas um sentido que não pode impor nem explicar, mas que está presente e de alguma forma expressa uma verdade subentendida. Podemos dizer que, à medida que um mito se revela vivo e fascinante para um indivíduo, significa que ele exprime para esse sujeito algumas de suas razões de viver, uma maneira de compreender o mundo, a vida, bem como sua própria situação em tal contexto histórico.

McAdams inicia a introdução de seu livro com o seguinte trecho:

> Se você quiser me conhecer, então você deve conhecer minha história, porque minha história define quem sou eu. E se eu quero conhecer-me, para obter *insight* sobre o significado de minha própria vida, então eu também devo conhecer minha própria história. Eu devo olhar, em todas suas particularidades, a narrativa do eu – o mito pessoal – que eu tenho tacitamente ou inconscientemente, composto ao longo dos meus anos. É uma história que eu continuo a revisar, e fala para mim mesmo (e às vezes para os outros) como eu estou vivendo.[35]

Ao longo de sua obra, discute a formação dos mitos pessoais: "Nós todos somos contadores de histórias, cada um de nós provê suas experiências dispersas e às vezes confusas com um senso de coerência, arrumando os episódios de nossas vidas dentro de uma história". Através de nossos mitos pessoais, descobrimos o que é verdade e o que é significativo na vida.

---

[34] DABELIZIES, A. *Mitos primitivos a mitos literários*. In: BRUNEL, Pierre (org.). *Dicionário de mitos literários*. 2. ed. Rio de Janeiro, José Olympio, 1998, p. 734.

[35] MCADAMS, D. P. *The stories we live by*. New York and London, The Guilford Press, 1993, p. 11 (tradução nossa).

A tese do autor é que cada um de nós, para conhecer-se, cria uma história heroica de si mesmo. Cada um de nós constrói consciente ou inconscientemente seu mito pessoal. Mito pessoal é, antes de tudo, um tipo especial de história que cada um de nós constrói naturalmente, integrando as diferentes partes de nós mesmos e de nossa vida dentro de um significativo e convincente todo. "Um mito pessoal é um ato de imaginação que é um modelo de integração de nossas lembranças passadas, percepções do presente e antecipação do futuro."[36] A história é uma espécie de pacote natural que usamos para organizar muitos diferentes tipos de informações. A história contada permite de uma maneira singular expressar a nós mesmos e nosso mundo para os outros. E as palavras-chave são "sínteses" de experiências e conteúdos, são "entrelinhas" carregadas de significados das histórias pessoais, de nossas crenças e de nossas posições-chave, que permitem dar um sentido ao que vivemos, da forma como vivemos.

Diferentes formas míticas

McAdams defende a ideia de que cada um de nós cria um mito pessoal e que, em todos seus detalhes, não há outro igual no mundo. Contudo, ressalva que, embora possa haver uma multiplicidade de diferentes histórias, se poderia dizer que há um número limitado de formas básicas dentro das quais se pode analisá-las. Elas podem ser resumidas em quatro grandes formas gerais:[37] comédia, romântica, trágica, irônica.

As duas primeiras mostram um tom narrativo otimista, enquanto as duas últimas sugerem um tom pessimista.

---

[36] Ibidem, p. 12.
[37] Ibidem, p. 50.

A *comédia* pode ser comparada à estação da primavera. A mensagem central parece ser: a cada um de nós é dada a oportunidade de encontrar a felicidade e evitar a dor e a culpa na vida. Cada um de nós tem a oportunidade de procurar um final feliz para a história da vida que vivemos e contamos. Na romântica predomina um tom de otimismo. Enquanto a comédia afirma a alegria da vida cotidiana (doméstica) e o amor, a romântica celebra o excitamento da aventura e a conquista. A estação é o verão (calor e paixão).

O tema central de um mito *romântico* envolve como mover-se de uma aventura para outra, com o objetivo final emergindo vitorioso e iluminado. O herói é visto de forma grandiosa, como alguém especial, sábio, mais virtuoso que a maioria dos demais, que passa por vicissitudes, mas no final da história é um vencedor!

Na *trágica* o tom narrativo é pessimista (outono): o tempo vai passando e indo na direção da morte. As histórias trágicas dizem respeito a deuses e heróis moribundos, caindo em desgraça, sacrificando a si mesmos e aceitando o isolamento (Édipo). Nos mitos pessoais, o assunto central trágico é evitar ou amenizar os absurdos da vida, que ameaçam esmagar mesmo os maiores seres humanos. A mensagem central é: nós somos confrontados por inesperados absurdos nos quais encontramos o sofrimento e o prazer, a tristeza e a felicidade, e estes estão sempre misturados. O mundo não é confiável. As melhores intenções caminharão para a ruína.

Na *irônica* (estação inverno), as histórias caminham para o triunfo do caos. Os mitos irônicos são como um quebra-cabeça cuja solução está sempre escondida. Eles lembram as tentativas falhas para resolver os mistérios da vida. Então, o tom narrativo pessimista e emoções negativas predominam e geram confusão e tristeza. O tema central: "Na vida nos deparamos com ambiguidades que são maiores do que nós e que estão, na maior parte, além de nossa compreensão" (música: *Tristeza do Jeca*).[38]

McAdams observa que nenhuma história é pura tragédia ou comédia. Há uma mistura. Porém, a mistura normalmente ocorre entre a comédia e a romântica ou entre a trágica e a irônica.

Nossos mitos pessoais, narrados em nossas histórias, envolvem uma reconstrução imaginária do passado à luz de um futuro previsível. São criações subjetivas e ilusões no sentido positivo ou negativo.

Desde a infância, vamos acumulando um tesouro que se esconde dentro de uma variedade de símbolos personalizados e objetivos fantasiados.

Para entender nossos próprios mitos, precisamos explorar a maneira única com que eles foram elaborados por cada um de nós e como empregamos a imaginação para dar sentido àquilo que somos, como entendemos nossa própria história.

O psicólogo Jerome Bruner[39] argumenta que o ser humano entende o mundo de dois modos diferentes. O primeiro ele denomina de "modo paradigmático" de pensamento. Nesse modo ele procura compreender as experiências em termos de refinadas razões, análises, provas lógicas e observações empíricas. O segundo modo é o "modo narrativo" de pensamento, que diz respeito aos desejos humanos, suas necessidades e objetivos. Neste modo nós lidamos com as "vicissitudes das intenções humanas organizadas no tempo".

---

[38] Música caipira celebrizada pela dupla Tonico e Tinoco. Disponível em: www.cifras.com. br/tonico-e-tinoco/tristeza-do-jeca. Um de seus versos diz: "Nestes versos tão singelos, minha bela, meu amor, pra você quero contar o meu sofrer e a minha dor. Eu sou como sabiá, quando canta é só tristeza desde o galho onde ele está. Nesta viola eu canto e gemo de verdade...".

[39] BRUNER, J. *Acts of meaning*. Cambridge, MA, Harvard University Press, 1978.

O primeiro modo é próprio do cientista que procura "dizer não mais do que os fatos significam". Procura-se determinar as relações entre causa e efeito a fim de explicar os eventos e ajudar a predizer e controlar a realidade. Com este paradigma é difícil compreender o sentido dos desejos humanos, aspirações e condutas sociais. Os eventos humanos são muitas vezes ambíguos[40] e resistem a uma interpretação fechada de causa e efeito. Os poetas e novelistas são exímios "narradores de histórias", e eles "dizem mais do que podem dizer". Nesse segundo modo narrativo, os níveis emocionais, os significados simbólicos, têm lugar para manifestar-se.

Fazendo uma aplicação desses dois modos – paradigmático e narrativo – às palavras-chave, pode-se pensar que as explicações que o indivíduo dá conscientemente para suas palavras-chave correspondem ao modo paradigmático – em que o indivíduo tem uma explicação racional do porquê escolhe determinada frase –, por exemplo, por que prefere determinada frase do evangelho! O modo narrativo, por sua vez, inclui e pode expressar o sentido inconsciente que há na palavra ou frase-chave escolhida, que está mais ligada à experiência emocional – às memórias afetivas –, ao eu latente,[41] do que ao significado lógico. Nesse sentido poderíamos dizer que o *leitmotiv* são formas abreviadas de "histórias que nós vivemos" ("*The stories we live by*").

Importância de conhecer nossos mitos

Segundo McAdams, nossos mitos se desenvolvem ao longo de nossa vida, desde nossa infância já iniciamos a acumular "conteúdos" que na adolescência de modo especial

---

[40] RULLA, L. M. *Antropologia...*, pp. 192-197.
[41] RULLA, L. M. *Antropologia...*, p. 200.

contribuem para a formação dos nossos mitos. Sobretudo porque na adolescência consolidamos uma identidade básica.[42] Nossa identidade pode sofrer ajustes, assim como podemos modificar nossos mitos ao longo de nossa vida adulta. Na adolescência temos a tarefa de "construir" uma história integrativa da vida com a qual somos capazes de entender quem somos e como encarar o mundo adulto. "Ninguém de nós pode escolher seu pai, sua mãe, ou as circunstâncias de sua infância. Mas a maturidade demanda a aceitação e organização significativa dos eventos do passado."[43] Como adultos, criamos um plano mítico para nossas vidas em que ainda não havia planos. "Nós criamos mitos, assim nossa vida e a vida dos outros fazem sentido."[44] Através deles determinamos quem somos, quem fomos e quem nos podemos tornar no futuro. Nós, continuamente, estamos recriando nossos mitos, embora eles nem sempre estejam em nível consciente, e não estando conscientes não significa que não somos influenciados por eles. Podemos distinguir, dentro do processo de viver nossa história, duas perspectivas. Uma psicológica e outra social. Em outras palavras, o que o mito nos faz viver? O que isto implica para sociedade? Do ponto de vista da psicologia individual, viver o mito é prover a vida com um significado,[45] mais do que garantir felicidade, o que não quer dizer dizer que ele nos torne infelizes. Pode-se dizer que a primeira função do mito pessoal é prover a vida com significado, unidade e propósito. Do ponto de vista social, viver o mito é conectar-se à grande narrativa de nosso mundo social. Mitos são criados e vividos em um contexto social. Viver o mito

---

[42]   ERIKSON, op. cit., Estágio 5.
[43]   MCADAMS, op. cit., p. 92.
[44]   Ibidem, p. 92.
[45]   FRANKL, V. *Um sentido para a vida*. Aparecida, Santuário, 1989.

não significa também que ele esteja implicado em tudo o que se faz, como, por exemplo, o que se vai comer, que roupa se vai vestir. Viver a sua história não significa que a história é a sua vida. Há uma diferença entre personalidade e identidade. Segundo McAdams,[46] a personalidade é um sistema complexo que envolve motivação, atitudes, comportamentos, que caracterizam o ajustamento ao mundo. Isto comporta traços, valores, motivos e muitos outros processos e construtos. Ao passo que a identidade é um aspecto da personalidade, é o mito pessoal que cada um construiu para se definir quem é.

Mudando os mitos

Podemos mudar nossos mitos? O que isso implica? Seguindo McAdams, podemos mudar nossos mitos, porém, antes precisamos identificá-los. Sem essa condição não temos muito a fazer em relação a eles. Para conhecê-los é preciso conhecer a própria história e isto implica envolvimento pessoal. Em outras palavras, a mudança está condicionada pela própria experiência pessoal, como ela foi vivida em seu mundo particular. Há duas maneiras progressivas de mudança na construção dos próprios mitos.

1) *Mudança desenvolvimental.* Essa mudança tem a ver com o desenvolvimento orientado para o futuro. Para isso tem que se levar em consideração seis tendências da construção do mito. Isto é, coerência, abertura, diferenciação, reconciliação, integração generativa e credibilidade.[47] As duas primeiras – coerência e abertura – contêm uma tensão dialética entre ambas na construção da identidade. Muita

---

[46] MCADAMS, op. cit., p. 266.
[47] MCADAMS, op. cit., cap. 4, também p. 271.

coerência pode impedir a abertura e vice-versa. Por exemplo, a abertura é mais importante na adolescência do que a coerência; em contrapartida, para consolidá-la é necessário ter um conjunto coerente de princípios. Equivale dizer que há momentos do desenvolvimento em que uma é chamada em causa mais que a outra. Dinâmica semelhante acontece entre diferenciação e reconciliação. Um mito pessoal maduro deve comportar diferentes partes e aspectos, ao mesmo tempo é necessário estabelecer uma unidade e síntese entre as imagens ricas e conflitivas acumuladas dos tempos anteriores. Em relação ao critério da integração generativa, ele não se opõe aos demais; é importante em cada momento do desenvolvimento. O sexto critério, credibilidade, também vale em todas as fases do desenvolvimento. Em síntese, a mudança desenvolvimental leva adiante a construção do mito na medida em que se constrói, se revisa e se reconstrói para que ele dê sentido aos novos interesses do desenvolvimento, que mudam segundo as circunstâncias da vida.

2) *Mudança personológica.* Esta é mais profunda e de difícil transformação. Necessita de um trabalho "terapêutico" intenso e profundo, já que este tipo de mudança está orientada tanto para o passado como para o futuro. O objetivo não é ir em frente no desenvolvimento, mas ir para trás e, em certo sentido, começar a partir de lá. O problema não é que o mito está parado, estagnado, mas sim que o mito não é bom, não funciona. Talvez nunca tenha funcionado ou talvez não exista. A mudança personológica implica fazer frente a uma tarefa de "nova criação".

Capítulo V

O papel do inconsciente na formação do autoconceito e da autoimagem

Para aprofundarmos a compreensão do funcionamento do psíquico humano, convém discutir, ainda que brevemente, sobre o papel do inconsciente na formação do autoconceito e da autoimagem (mitos). Entendemos, aqui, por autoconceito, a ideia que o sujeito faz de si mesmo enquanto se percebe na relação consigo próprio. É como se vê a partir da própria experiência, e a elaboração desta que ele faz internamente ("como penso sobre mim mesmo"). Por autoimagem, entendemos como sendo a imagem de si que ele imagina presente na mente do outro. Isto é, como é visto pelos outros. Essa autoimagem manifesta-se muitas vezes na expressão usada com frequência: "O que os outros vão pensar de mim?!". Reflete-se aí a preocupação com a impressão que causa nos outros. Essa preocupação comumente está ligada à questão de aceitação ou não aceitação, de reconhecimento ou não reconhecimento. Estes aspectos que aparecem em nível consciente como preocupação em relação a si ou em relação aos outros podem estar ligados a processos inconscientes.

Para falar de inconsciente, é necessário fazer alguma distinção sobre a compreensão do conceito. Encontramos na literatura discussões sobre o inconsciente afetivo,[1] sobre o inconsciente cognitivo,[2] sobre o inconsciente espiritual,[3] para citar alguns.

Para nosso propósito, interessa mais o inconsciente afetivo, cuja característica básica é ser inacessível por uma evocação voluntária. O sujeito pode ter, por exemplo, consciência do que sente, mas não dos processos que deram origem ao que sente. Pode não se dar conta das conexões com experiências do seu passado. Pode-se dizer o mesmo em relação ao inconsciente cognitivo. O sujeito pode estar consciente dos resultados, mas não ter consciência dos processos de raciocínio que levaram a tais resultados. O inconsciente espiritual entra mais na esfera da espiritualidade do que na esfera emotiva.

A questão da existência do inconsciente afetivo deve--se, em grande parte, aos estudos de Freud, embora elementos de sua compreensão original hoje já sejam superados, ou ao menos questionados, sobretudo no que diz respeito ao seu construto teórico sobre as estruturas da personalidade vistas como id, ego, superego. Contudo, parece ser certo que o inconsciente existe como força psicogenética e que é ativo na vida cotidiana das pessoas normais, influenciando diversos de seus comportamentos e ações com uma tendência a permanecer mantendo o *status quo*; resistindo, portanto, à

---

[1] PIAGET, J. The affective unconscious and the cognitive unconscious. *Journal of the American Psycho-analisytic Association*, 21, 1973, pp. 249-261.

[2] Ibidem, pp. 249-261.

[3] MARITAIN, J. *L'Intuition créatrice dans l'Art et dans la poésie*. Paris, Desclée de Brouwer, 1966, pp. 83-92. Cf. também MARITAIN, J. *Alla Richerca di Dio*. Roma, Edizioni Paoline, 1967.

mudança.[4] O inconsciente desempenha um relevante papel, sobretudo em relação à motivação. Cotidianamente nós o percebemos em ação. Já Freud constatava, por exemplo, que por trás de nossos atos falhos o inconsciente está em ação. Principalmente quando nos deparamos com nossos conflitos interiores[5] que nos causam sofrimento. Para evitá-los, nosso inconsciente os esconde numa espécie de "faz de conta"; em seus disfarces, condiciona, manipula nosso consciente. Não é sem razão que constatamos que muitas vezes fazemos o contrário do que realmente desejaríamos fazer. São Paulo expressou isto muito bem, quando disse: "Vejo o bem que quero fazer e faço o mal que não quero".[6] Podemos dizer que nosso inconsciente é um "agente secreto" e com seus disfarces cria "pegadinhas" que, em muitas ocasiões, nos deixam em situações difíceis. Como já foi dito anteriormente, o inconsciente não é só "lugar" de problemas; é também depositário de nossas experiências positivas e reserva de possibilidades que eventualmente ainda não se manifestaram. Ele se conduz por leis próprias que garantem sua ação e sua influência sobre o consciente. Vejamos suas principais leis.

Leis do inconsciente

Segundo Ravaglioli,[7] podem-se distinguir algumas leis que regem o inconsciente. Uma delas é de particular importância para a nossa tese. Trata-se daquela que diz que o

---

[4] CENCINI; MANENTI, op. cit., pp. 45-46.
[5] HORNEY, K. *Nossos conflitos interiores*: uma teoria construtiva das neuroses. 4. ed. São Paulo, Civilização Brasileira, 1969.
[6] Rm 7,15-27.
[7] RAVAGLIOLI, A. M. *Psicologia*. São Paulo, Paulinas, 1998, pp. 120-122. Cf. também em CENCINI; MANENTI, op. cit., pp. 45-48.

inconsciente se rege pela isenção de contradição, isto é, elementos contraditórios entre si não se anulam. "Convivem" um ao lado do outro. Segundo essa lei, o significado objetivo de uma ação ou de um conceito pode não corresponder necessariamente ao significado subjetivo que o sujeito dá inconscientemente. Por exemplo, palavras-chave relativas à experiência religiosa de alguém podem ter um significado no nível consciente e ter o significado oposto no nível inconsciente. "O comportamento pode exprimir contemporaneamente tendências opostas."

Uma segunda lei importante é a que revela que o inconsciente está fora do tempo, ele é atemporal. Isto é, os elementos inconscientes não se regulam segundo a ordem do tempo, nem se alteram com o passar do tempo; existem independentemente da realidade externa. O sujeito pode mudar de papéis, de ambiente etc. Isto não garante necessariamente que ele mude automaticamente o conhecimento dos problemas que possam afligi-lo. Outro exemplo em que podemos constatar essa lei é através de sonhos. Num dado sonho podem estar presentes personagens do passado, como se elas estivessem atuando agora junto com personagens atuais. Nesse sentido "a experiência nem sempre é mestra".[8]

Há ainda uma terceira lei do inconsciente que é aquela que diz que o inconsciente não leva em conta a realidade, mas influi sobre ela. Tem sua lógica própria. Por exemplo, o sujeito pode sentir culpa por algo que fez e perceber que não há razão lógica que a justifique, mas mesmo assim se sente culpado e não consegue livrar-se dela.

---

[8] CENCINI; MANENTI, op. cit., p. 46.

Podemos por fim citar uma quarta lei, que é aquela que diz que o inconsciente tem uma força dinâmica de autopreservação. Isto é, os conteúdos, sobretudo aqueles causadores de sofrimentos psíquicos, existentes no sujeito, tendem a permanecer do modo como estão. Isto na experiência clínica se constata cotidianamente. É difícil para o sujeito reconhecer e aceitar a dor psíquica olhando para suas causas. Como estas já lhe causaram sofrimentos e agora estão acomodadas, ele, de certo modo, aprendeu a conviver com elas. É "preferível" continuar assim a correr o risco de mudar, pois poderia perder o controle sobre elas e revivê-las novamente, e isto custaria um preço emocional que nem sempre está disposto a pagar.

Pode ser ilustrativo como exemplo muitos tipos de doenças psicossomáticas. O sujeito sofre pelos incômodos que a doença lhe traz, mas renunciar a ela poderia significar a perda de ganhos secundários que obtém através dela. É o caso, muitas vezes, de pessoas muito carentes afetivamente ou de atenções. Elas "sabem" que só recebem isso que desejam se ficarem doentes (e permanecem). Esperam que alguém se volte para elas e lhes dê a atenção que precisam, satisfazendo assim sua necessidade, caso contrário dificilmente as obteriam. Os hipocondríacos que o digam!

Há saída para a influência do inconsciente?

Aceitando as leis do inconsciente e seu funcionamento, não estamos afirmando que somos prisioneiros dele. Realçamos seu papel e sua importância para entendermos ao menos em parte o porquê de muitos comportamentos contraditórios e palavras-chave que revelam o modo como o sujeito se percebe e se relaciona com o ambiente que o cerca.

Contudo, é preciso levar em conta também a capacidade de o ser humano desenvolver-se. Este é um processo que o acompanha ao longo da vida. Sempre pode conhecer-se mais, descobrir-se mais, tornar-se mais.

Vale recordar aqui o comentário de Trevisol[9] sobre essa questão: "Desenvolver-se como ser humano é tornar-se aquilo para o qual temos sido feitos". Essa gama de potencialidades que perfaz todo o mistério do ser humano é dada, mas não revelada. O ser humano encontra-se nela, todavia, precisa reconhecê-la, despertar para ela e identificar-se com ela: é preciso que ela se torne consciência. Desenvolver-se, consequentemente, é acordar o ser, torná-lo realidade concreta, em contínua relação com o Mistério mais Alto Original e Absoluto, para que seja alcançado o mais alto nível de humanidade possível no ser humano, de tal modo que ele possa tocar a mais alta sabedoria mística. Por isso, o ser humano é também mistério. E do sucesso do percurso ninguém é seguro. A única certeza que cada um tem é o grau de consciência que já fora alcançado. E, ainda assim, permanece o desejo de ir além. Assim, nunca ninguém poderá dizer: "cheguei"; no máximo afirmaria, "hoje sou mais eu do que ontem, mas ainda me sinto pouco". Pois se, de fato, o inconsciente todo se atualizasse e se revelasse na totalidade, se tudo se tornasse consciência, o ser humano se tornaria Absoluto, que seria o mesmo que ser Deus.

O inconsciente, embora não seja acessível espontaneamente, pode-se chegar a ele por diversos caminhos que

---

[9] TREVISOL, Jorge. *Consciência ampliada e educação, correlações entre níveis de consciência e modo de ensinar.* Tese de doutorado. Porto Alegre, Pontifícia Universidade Católica do Rio Grande do Sul, 2005, pp. 198-199 (Área da Educação – Tese não publicada).

a psicologia hoje conhece. Por exemplo, por meio de testes projetivos, como também por técnicas de entrevistas, hipnose etc. Justamente porque ele é dinâmico, ativo, pode-se também decifrar sua linguagem simbólica e inferir significados subjacentes às suas manifestações conscientes. A figura *iceberg*, muitas vezes usada para ilustrar a topografia da mente, mostra que a parte emersa é a zona do consciente e a imersa, engloba tanto a parte pré-consciente como a inconsciente. Nessa figura fica evidente que o maior volume é o que fica submerso. Podemos chamá-lo de campo existencial dos conteúdos do inconsciente. Tais conteúdos se compõem do resultado daqueles originários de recalques (repressões), como dizia Freud, como também por aquelas transposições imediatas e sedimentações progressivas,[10] bem como por dons ainda inexplorados.

Nosso inconsciente é uma fonte de informação sobre o nosso mundo interior; é lá onde moram nossos mitos, é a "biblioteca" que guarda nossos arquivos que registraram e continuam a registrar aquilo que aconteceu conosco e continua a acontecer. É lugar "secreto" onde dormem nossos sonhos que o consciente nem sempre consegue despertar e torná-los realidade, porque estão envolvidos por mistérios que a mente humana guarda, mas nem sempre tem domínio sobre eles. Eles podem permanecer sem interpretação. Nossas palavras-chave são ecos destes arquivos que ali residem e uma expressão simbólica que tenta comunicá-los no nível consciente do sujeito e para os outros.

---

[10] CENCINI; MANENTI, op. cit., pp. 48-49.

1) Exercício: Paradigma da casa

Tomando-se a *casa* como *paradigma*, pode-se pensar em significados simbólicos para cada parte, por exemplo:

1. Porta de entrada: por ela se entra na casa. Simbolicamente se pode pensar que, por meio dos cinco sentidos, o "mundo" entra em você. Eles lhe permitem fazer experiências que se vão tornando parte de sua vida. Em suas experiências transitam pensamentos, emoções, sentimentos, imaginações, fantasias... Assim, você pode imaginar que cada parte da casa corresponde a algo de seu interior.

2. Corredor: dá acesso às diferentes partes da casa. Você pode percorrer sua vida com a razão, com as emoções, com a mente e com o coração. Que reflexão faz, que sentimentos experimenta, quais necessidades sente, valores que crê, ideais que tem, que convicções, que memórias e o que elas lembram, quais experiências significativas de vida.

3. Sala de visita: lugar onde você recebe pessoas temporariamente, de passagem, por pouco tempo. É lugar ambíguo: ao mesmo tempo pode ser lugar agradável e de se estar à vontade, como também de formalidades. Você pode sentir-se aceito pelos outros ou não, imaginar como os outros o veem, como deseja que o vejam, como você os trata e como é tratado, que sentimentos experimenta pelas pessoas, como os expressa.

4. Cozinha: lugar onde se prepara o alimento. Ambiente familiar e da família, onde se sente o calor e o frio (fogão e geladeira) e onde há coisas novas e requentadas. Simbolicamente se pode imaginar como os espaços de sua vida em que você encontra calor humano ou, muitas vezes, relações frias. Lugar de serviço, de ajuda construtiva, de se aprender a temperar a vida, partilhar o que se tem; lugar de se experimentar

os dons dos outros; lugar dos amigos, companheiros (pai-mãe), de afeto, amor; lugar de rotina, cotidiano.

5. Lavanderia: lugar de lavar roupa suja, lugar onde se mexe com sujeira, se faz limpeza, se passa sabão. Podemos imaginá-la como espaço do desabafo, de possibilidade de superar conflitos, de lavar a "roupa suja", mas também de reconciliação (laboratório de experiências); espaço para desfazer-se das mágoas, das raivas, dos ressentimentos; lugar de purificação, de perdão.

6. Despensa: lugar das reservas guardadas para o futuro. Simbolicamente, lugar de dons, de qualidades ainda não descobertas ou pouco usadas, de habilidades não desenvolvidas, de energias armazenadas, disponíveis.

7. Quarto: lugar de intimidade, espaço pessoal, lugar dos segredos, das confidências, da fidelidade ou infidelidade, de liberdade ou prisão, da simplicidade, do respeito, do espaço do sagrado, do pessoal, do estar à vontade com si mesmo; lugar de conflitos, de inquietações, de fantasias, de transcendência.

8. Fundos: lugar aberto, lugar do varal, de entulhos, de animais de estimação. Simbolicamente pode representar dentro de você o espaço para novos sonhos, novas realizações, novas conquistas, novas construções.

9. Porão/sótão: lugar meio escuro, sombrio; lugar da adega, de cupim, de baratas, de utensílios usados. Simbolicamente, zona inconsciente, das memórias afetivas, dos bloqueios, das lembranças felizes, dos conflitos, de novas energias; lugar onde pouco se vai; lugar da história pessoal mais antiga.

10. Banheiro: lugar onde se desfaz daquilo que não serve mais; lugar de banho, de higiene pessoal. Simbolicamente,

lugar de mágoas, rancores, infantilismos, dependências, vitimismos, mau humor, ciúmes doentios, invejas, maledicências.

Tomando agora a casa como paradigma pessoal, procure examiná-la colocando-se em cada uma de suas partes e verificando quais espaços você usa e quais usa pouco, ou mesmo ignora:

1. Porta de entrada: Qual a percepção que tem de si mesmo (como se vê) e das pessoas com quem convive? É realista, preconceituosa, distorcida?

2. Corredor: O que predomina em sua mente? O que você pensa da vida? Que tipo de sentimentos são mais frequentes em você? Que tipo de valores cultiva ou o orientam? Que tipo de necessidades sente mais? Que lembranças lhe vêm à mente das outras pessoas?

3. Sala de visita: Como é seu estar junto com os outros? Qual a qualidade da atenção que você dá às suas relações? É do tipo que só pensa em si e em suas vontades? Dá a devida atenção ao outro pela pessoa que é, não importando sua condição? Respeita a dignidade de cada um, ou é do tipo orgulhoso, autocentrado, autossuficiente? Quem é o outro para você?

4. Cozinha: Como você alimenta seus ideais, desejos, sonhos? Compartilha com outros ou é mesquinho?

5. Lavanderia: Como você lida com seus conflitos? Com o diferente do outro? É capaz de ouvir o desabafo do outro sem preconceito? É capaz de suportar o outro com paciência e compreensão? Sabe separar o problema do outro daquilo que ele é? O outro para você é alguém sobre quem descarrega suas frustrações, ou sabe escutar os sofrimentos alheios?

6. Despensa: Você conhece suas reservas como pessoa? Crê em seu potencial? Toma iniciativas ou é do tipo acomodado? Procura atualizar sua mente? Conserva o devido respeito pelas sãs tradições legadas de seus antepassados? Mantém os valores que norteiam sua vida, ou é um bambu ao vento, inclina-se para o lado que o vento sopra? Como valoriza as qualidades dos outros? Eles são mais do que podem manifestar? Você crê nisso?

7. Quarto: Em sua vida há espaços para confidências, confiança e respeito por si mesmo e pela intimidade do outro? Você é alguém que os outros confiam? Você é capaz de guardar segredos ou "dá com a língua nos dentes" na primeira ocasião?

8. Fundos: Você percebe as possibilidades de crescimento que tem ou já se sente esgotado? Corre riscos para crescer ou espera que os outros venham ao seu encontro oferecer oportunidades? Sabe ser criativo dentro dos próprios limites?

9. Porão: Lugar das memórias. Lugar de sua história. É fonte de experiências que alimentam, iluminam sua vida, mas pode ser também lugar de conflitos. Como lida com seus conflitos? Esconde, nega? Rejeita? Isso resolve? Você procura ampliar seu autoconhecimento, reinterpretar acontecimentos que marcaram sua vida, ou é fatalista?

10. Banheiro: Você é capaz de abrir mão daquilo que não serve mais? De experiências negativas que não edificam mais? Reconhece suas fraquezas, aceita-as e procura corrigi-las? Você é do tipo que alimenta rancores, ódios, desejos de vingança, ou é compreensivo e amável?

MEDITAR: EFÉSIOS 4,1-16. VER TAMBÉM: JEREMIAS 1,4-10; 20,7-18.

2) Exercício: Carências afetivas

As carências afetivas nascem da insatisfação em relação à necessidade básica de amor e afeto. Começam muito cedo e se tornam profundas quando se iniciam nos primeiros anos de vida. Elas têm a ver com as relações de afeto que ocorreram ou ocorrem com pessoas significativas, especialmente com a figura da mãe e do pai. O afeto que recebeu deles foi suficiente ou insuficiente? Os pais podem ter muito amor pelos filhos, mas, às vezes, não sabem demonstrar fisicamente pelos contatos afetivos. A criança pode não percebê-lo, deixando dentro dela uma lacuna. É comum nestes casos que depois busque por isso durante a vida, nas relações com as pessoas. Há pais que amam a distância, isto é, sem a proximidade sensível, que é a linguagem que a criança entende. Hoje é comum "amar" por mensagens via WhatsApp, MSN, Facebook, sem proximidade física. Isto vai criando um mundo de relações virtuais que tem sua utilidade, mas que em termos de relações humanas causa um empobrecimento e um deságio afetivo.

a) Algumas manifestações de carências afetivas

Quando alguém se sente carente, busca de forma direta ou indireta a satisfação da sua necessidade de afeto (carência). Isto permanece dentro dele mesmo na vida adulta. A busca da satisfação se dará de modo infantil, em atitudes próprias de crianças.

A carência pode se manifestar:

a) em fechamentos, isolamentos: o sujeito quer afeto, mas foge dele;

b) na "pegajosidade" (grude) em relação a alguém;

c) no ciúme: o sujeito não suporta a amizade de alguém por outro, aí faz o possível para destruir essa amizade, falando mal;

d) na inveja: deseja possuir o que o outro tem e não suporta sua falta;

e) na chantagem emocional: "Não vivo sem você", "Você é meu controle remoto", "Eu não respiro sem você, você é meu oxigênio";

f) em infantilismos: "Não decido, não me arrisco, preciso sempre de outro para mandar em mim";

g) em certos tipos de agressão ou de moralismos: "Não consigo lidar com a minha carência afetiva e censuro as expressões de carinho dos outros. Censuro nos outros o que eu gostaria de fazer ou ter";

h) em certos tipos de tristeza: tristeza muito grande diante de alguém que recebe homenagem ou presentes;

i) em desmotivação: pessoa sem interesses, apagada, que não "veste a camisa" e não sabe o porquê disso;

j) na acumulação de coisas desnecessárias, como comida, bebida, roupas;

k) em somatizações: doenças fabricadas;

l) em hipersensibilidade ante tudo.

b) Como lidar com as carências

Algumas dificuldades em se lidar com as carências são incentivadas hoje pelo estilo de sociedade em que vivemos. Os estímulos são na direção da busca do prazer e da satisfação de todos os desejos de forma imediata, aqui e agora. Não se cultiva o duradouro, tudo é descartável, líquido, provisório. A cultura do bem-estar. Tais estímulos reforçam as carências.

Ser adulto implica saber distinguir o que é importante e o que não é importante. "Eu gosto", "eu não gosto" não são critérios para definir aquilo que realmente vale para a vida. A lógica da carência afetiva se apoia no gostar/não gostar. A lógica dos valores se apoia no é útil/não é útil.

c) Sugestões para administrar a afetividade

1. Identificar as carências: para administrá-las é preciso conhecê-las.

2. Dar nome a tais carências.

3. Observar a sua intensidade e sua história.

4. Observar as censuras e as estratégias usadas.

5. Admitir as carências: só assim se pode estabelecer limites para elas.

6. Partilhá-las e desmistificá-las.

7. Não fugir, não negar, não se fazer de vítima.

8. Aceitar o sofrimento, pois ele é parte da vida. Quem ama de fato sofre por causa do amor. Esse sofrimento tem sentido.

9. Estabelecer controle sobre os próprios comportamentos e sentimentos.

10. Autorreconciliar-se e reconciliar-se com os outros.

Renúncia é um elemento indispensável para trabalhar as próprias carências. É ser capaz de oblatividade da doação de si. Renunciar é:

- querer ser capaz de deixar algo bom em vista de algo melhor;
- ação livre e positiva;
- enfatizar os valores absolutos;
- perder coisas, objetos, afetos, mas ganhar muito mais;
- viver os sentimentos (desejos, sonhos) de maneira adulta, e não infantil;
- agir segundo a opção que se fez.

Renúncia não é deixar por deixar. Renunciar a determinadas coisas é necessário para alcançar bens maiores. Nosso agir tem uma dimensão social. Nós influenciamos e somos influenciados pelos outros.

Para renunciar é preciso ter uma razão forte para abrir mão daquilo que apraz, em vista de um bem maior. É importante ter um referencial forte que justifique a renúncia. Há necessidade de disciplina, sacrifício.

As crises que ocorrem são ocasiões de crescimento. Nasce-se de novo sempre que se parte de dentro. A dor e o choro fazem parte da vida que nasce. Tanto a vida sem crise como a crise permanente são anormais.

3) Exercício: Momento de reflexão

"Custa tanto ser uma pessoa plena. Que muitos poucos são aqueles que têm a luz e coragem de pagar o preço. É preciso abandonar por completo a busca da segurança e correr o risco de viver com os dois braços. É preciso abraçar o mundo como um amante. É preciso aceitar a dor como condição de existência. É preciso ter uma vontade obstinada no conflito, mas também uma capacidade de aceitação total de cada consequência 'do viver e do morrer'" (Moris L. West, em *As sandálias do pescador*).

"Da mesma ferida donde brota a dor, pode nascer também o amor" (Ir. Roger).

a) Para reflexão

1. O que estes textos dizem a você no momento atual de sua vida?

2. O que mais lhe custa para ser uma pessoa plena?

3. Que preço você está disposto a pagar?

4. O que significa para você aceitar a dor como condição de existência? O que é para você a capacidade de aceitação total de cada consequência do viver e do morrer?

Capítulo VI

Questões relacionadas à afetividade e à sexualidade

1) Afetividade e sexualidade

A afetividade e a sexualidade são dois termos que indicam em si aspectos diferentes da experiência humana, porém estão muitos interligados. São aspectos complexos da vida humana porque envolvem tanto a racionalidade como a emocionalidade. Por afetividade podemos entender tudo o que implica emoções, que são os canais pelos quais a afetividade se manifesta ou se move. Ela abrange desde as emoções positivas, que trazem satisfação, prazer, bem-estar, até aquelas que causam sofrimento, dificuldades, desprazer, agressividade.

A afetividade faz parte do cotidiano humano como o comer, beber, vestir, trabalhar. É uma realidade que acorda conosco e dorme conosco. Ela é uma característica humana (e animal, existindo também nos animais, embora desprovida da racionalidade) que envolve todo o ser da pessoa. A grande questão não está no reconhecimento de sua presença, mas sim nas dificuldades que se apresentam em suas formas de expressão. Quais maneiras de expressar são aceitas, queridas, aprovadas, e quais não são aceitas, são reprovadas nas condutas humanas. Muitas formas são aceitas em uma cultura e em outras não. Há maneiras próprias de se manifestarem e serem entendidas nas diferentes etapas da vida (desenvolvimento). Há diferentes formas de expressões da afetividade: por gestos, por manifestações silenciosas, por impulsividades, por afagos, por abraços, por beijos, por cumprimentos, por sorrisos, por posturas corporais, por olhares, por escritos, por imagens etc.; por outra forma mais contundente, como a sexualidade, o intercurso sexual, pela simulação, pela sedução; por expressões normais e sadias, por expressões anormais, patológicas.

Diante dessa gama de situações, poderíamos tentar, a título de compreensão, delinear alguns aspectos que nos ajudem a entender a afetividade, bem como a sexualidade. Vejamos.

a) **Afetividade**

A afetividade está ligada ao eros (afeto) e ao *pathos* ("sentimento")[1] da nomenclatura grega.

---

[1] "Há três estágios cerebrais, surgidos ao longo da evolução [...]. O primeiro é *o cérebro reptiliano*, surgido há 200 milhões de anos, quando do aparecimento dos répteis. Esse cérebro ancestral responde pela fisiologia da subsistência, pois organiza as reações mais espontâneas da nossa vida, sempre instintivas e pré-reflexas, desde a sexualidade reprodutiva até os movimentos digestivos e nervosos de defesa diante das ameaças. O segundo é *o cérebro límbico*, surgido há 125 milhões de anos, com os mamíferos. É o cérebro dos sentimentos, da relação afetiva, do cuidado com a prole, da comunicação oral. Esse teve a mais longa duração temporal e estrutura fundamentalmente a profundidade humana, feita de *pathos* ("sentimento") e eros ("afeto"). É o cérebro da dimensão de *anima* em todos os seres superiores. Por fim, há o cérebro *neocortical*, que irrompeu com a consciência reflexa há três milhões de anos. Este é o mais recente e o que menos memória genética possui, quando comparado com os seus predecessores. Ele responde pelo pensamento, pela fala e pela capacidade de abstração e de ordenação do ser humano. É fundamentalmente responsável pela dimensão de *animus* nos seres humanos, homens e mulheres. A sexualidade e o

Segundo a definição do dicionário "Aurélio", afetividade é o: "conjunto de fenômenos psíquicos que se manifestam sob a forma de emoções, sentimentos e paixões, acompanhados sempre dá impressão de dor ou prazer, de satisfação ou insatisfação, de agrado ou desagrado, de alegria ou tristeza". Pela definição acima já podemos perceber que se trata de algo complexo: "é um conjunto de fenômenos psíquicos"; portanto, se trata de algo que envolve individualidade, subjetividade, relações. Ela é expressão de um mundo interno da pessoa, do indivíduo, que vem associado com suas experiências pessoais, suas percepções, suas interpretações, suas simbolizações etc.

Não se pode, portanto, simplificá-la demais, sem correr o risco de esvaziá-la. Vamos vê-la por partes, para tentar compreendê-la melhor.

Como expressão de emoções

Enquanto expressão de emoções, a afetividade se caracteriza por sentimentos que se manifestam fisicamente, em formas de expressões de alegria, contentamento, tristeza, abatimento, rubor, palpitações, arrepios, hilaridade, taquicardia etc. A afetividade como emoção é visível, detectável, perceptível.

Como expressão de percepções

Enquanto percepção, ela é um modo como o mundo entra em nós e como o acolhemos dentro de nós. A percepção se dá normalmente através dos cinco sentidos. Eles são

---

amor têm as suas raízes profundas no cérebro límbico" (MURARO, Rose Marie; BOFF, Leonardo. *Feminino e masculino*. 3. ed. São Paulo, Sextante, 2002, pp. 47-48).

os canais pelos quais entramos em contato com o mundo e o mundo entra em contato conosco. Nossa percepção pode ser influenciada por diversos fatores, entre eles: o significado emotivo que o objeto percebido tem para o indivíduo; a intensidade (quanto forte é o estímulo); a familiaridade (quanto mais familiar um objeto, mais rapidamente ele é percebido); traços de personalidade; necessidade e valores da pessoa, fatores inconscientes; diferenças culturais etc.

Esses são apenas alguns fatores que podem interferir na percepção. Exploremos um pouco alguns deles, por exemplo:

a) *O significado emotivo do objeto.* Se um dado objeto (pessoa ou coisa) estiver relacionado com alguma experiência significativa para a pessoa, esse objeto mais facilmente tomará conta da mente e dos sentimentos do indivíduo. Dependendo da carga emotiva envolvida, o objeto é avaliado como atraente ou repulsivo; daí decorre um desejo de aproximar-se ou afastar-se do objeto. Essa avaliação pode ser contracenada pela avaliação racional, porém, dependendo da intensidade, é difícil para o indivíduo submeter-se àquilo que sua razão aponta como mais razoável; a tendência é usar a razão para justificar a aproximação ou afastamento do objeto (mecanismo de defesa da racionalização). Em outras palavras, o emotivo tende a prevalecer sobre o racional. (Em termos religiosos, diríamos, há uma propensão a ceder à tentação.)

b) *A intensidade.* Um estímulo pode ser forte ou fraco, variar sua intensidade; contudo, em se tratando de emoções, somos capazes de perceber os objetos até seu limiar. Essa percepção, mesmo em nível subliminar, é capaz de influenciar comportamentos e formar, com o passar do tempo, atitudes emocionais. A tendência é de que quanto mais forte o estímulo, mais facilidade de percepção e mais facilidade de razão. Se isto vale de modo geral, não é bem assim com as percepções com carga afetiva. Tendemos a ver os objetos de nossos desejos com mais sutileza e a nos aproximarmos dele com menos estímulos, isto é, não é necessária muita intensidade de estímulo se o objeto em si já vem carregado do significado desejado. Basta uma pequena faísca.

c) *A familiaridade*. Quanto mais convivo com o objeto, mais presente ele está, mais facilmente eu o detecto no meio de outros objetos.

E assim poderíamos ir descrevendo os demais aspectos da percepção. Por hora nos baste estes para constatar sua capacidade de influenciar nossos atos (comportamentos).

Como simbolização

Nossa capacidade de simbolizar é muito grande e a usamos com bastante frequência. A linguagem dos símbolos nos lança para dentro de aspectos indecifráveis pela razão, bem como nos põe em contato com realidades que fogem às análises objetivas. O símbolo envolve o subjetivo da pessoa, e os objetos tornados símbolos ganham significados afetivos particulares, próprios para cada pessoa. Nosso inconsciente usa da linguagem simbólica para se manifestar. Nós o percebemos pelos sintomas que aparecem. Como todo símbolo vem carregado de significados simbólicos e cada pessoa atribui aos seus símbolos seus próprios significados, então o grande desafio é a decodificação dos símbolos, ou melhor, sua interpretação. E para interpretá-los corretamente é necessário conhecer um pouco a que coisas eles estão associados ou ligados.

Em nosso inconsciente há muitas memórias afetivas que são atingidas pelos símbolos. Elas podem ser evocadas sem que conheçamos os fatos a elas relacionados, ou melhor, os fatos que as geraram. Muitos fatos estão esquecidos, mas nossa memória afetiva retém a experiência emocional vivida em relação a eles. Estas podem ser evocadas por pequenos estímulos que, percebidos como símbolos dos fatos esquecidos, acionam as disposições internas para reagir conforme o significado simbólico despertado.

Como expressão da individualidade pessoal

A afetividade enquanto expressão da individualidade pessoal está ligada ao desenvolvimento psicoafetivo do sujeito. Todos nós, no processo de desenvolvimento para a maturidade afetiva, passamos por estágios de amadurecimento que se diferenciam em cada um deles pelas características próprias que marcam cada uma de suas fases. Mesmo vivendo no mesmo ambiente sociocultural e familiar, dois irmãos assimilam de modo diferente a educação que recebem dos pais. O grau de afetividade que marca as relações é um fator preponderante para o amadurecimento sadio ou para fixações infantilizantes, que se podem perpetuar na vida adulta. O aumento da idade cronológica não é sinônimo de amadurecimento afetivo. Embora um indivíduo, biologicamente falando, possa completar sua fase de crescimento em torno dos 25 anos, isto não é garantia de que da mesma forma se dá seu amadurecimento psicoafetivo. Ele precisa encontrar no ambiente onde se desenvolve um clima afetivo favorável, com dosagem ideal de frustrações e afetos para aprender a amar-se sadiamente e amar os outros e a Deus. Esse processo passa necessariamente pela experiência que faz no convívio com os outros com quem interage de modo especial; os "outros" significativos afetivamente, que normalmente são os próprios pais. O modo como alguém se sente amado vai permitir ou não que adquira a certeza interna de se sentir amado e aceito ou rejeitado. O sujeito expressa através de sua individualidade aquilo que acumulou nos anos em que viveu e como os internalizou. Seu estilo de personalidade vai mostrar como vive, como se protege, como defende seu eu. Sua afetividade vai estar marcada por essas nuances todas.

b) Sexualidade

A sexualidade impregna todo o ser pessoal do homem e da mulher. Somos sexuados dos pés à cabeça.

> O ser humano não tem sexo, é um ser sexuado da cabeça à ponta dos pés. Sendo sexuado, sente-se para além de si, dimensionado para o outro até nas determinações corporais. A anatomia dos sexos possui uma indicação: a mulher é aquela que recebe, acolhe e interioriza; o homem, aquele que emite, projeta, exterioriza. Estas características incidem sobre a autocompreensão, sobre a psicologia diferencial e sobre a construção do estar-no-mundo com os outros.[2]

Tudo em nós tem a marca de nossa sexualidade, nosso ser homem, ser mulher é definido pela sexualidade. Ela possui dentro de nós uma força vital muito intensa; está ligada à possibilidade de gerar novas vidas, e também ao prazer, ao instinto conservador da vida; está impregnada de afetos.

---

[2] MURARO, Rose Marie; BOFF, Leonardo. *Feminino e masculino*. 3. ed. São Paulo, Sextante, 2002, p. 62.

A sexualidade é ao mesmo tempo um dom e uma preocupação. É dom enquanto originária do próprio Criador que nos fez sexuados, como obra muito boa saída de suas mãos! Ela é preocupação porque gera em nós tensões que precisam ser canalizadas de forma consciente e livre para não se tornarem repressões impulsivas que podem trair belos projetos e boas intenções. Ninguém pode menosprezar a força da sexualidade sem correr o risco de sucumbir diante de suas artimanhas. Há em torno da sexualidade muitos mistérios, preconceitos, vícios, malversões, que deturpam o sentido dela em nossa vida.

- Sexualidade como genitalidade

A sexualidade pode ser vista como genitalidade. Nesse sentido é a atração física que sentimos por alguém com quem desejamos estabelecer intercurso sexual. Enquanto genitalidade, ela possui um poder de estímulo e sedução grande que mexe com a imaginação e a fantasia. A libido sexual estimula a busca do prazer físico, que é direcionado para outra pessoa do outro sexo para os heterossexuais e para outra pessoa do mesmo sexo para os homossexuais. O prazer pode ser buscado também solitariamente através da masturbação. A genitalidade, enquanto força, erotiza as relações com os outros. Se não for sadiamente controlada pelo indivíduo, ela vai se tornando impulso que é capaz de cometer aberrações de diferentes tipos, como: pedofilia, exibicionismo, fetichismo, masoquismo sexual, sadismo sexual, fetichismo transvéstico, voyeurismo etc.

Hoje a genitalidade é vista pela mídia, exceto as aberrações, como normal e legítima, e fortemente estimulada com apelos cada vez mais excitantes, chegando à banalização. Os jovens se iniciam precocemente na genitalidade facilmente consentida, quando não estimulada pelos próprios pais. A única preocupação que os acompanham é a de prevenir-se contra a gravidez e a contração de doenças sexualmente transmissíveis, como a Aids.

A moral como força controladora da iniciação sexual é de pouca valia, por ser considerada coisa do passado. Poucos jovens levam em consideração ensinamentos morais a respeito da sexualidade; muito raros são aqueles que se guardam castos até o casamento. Nesse sentido o discurso religioso produz pouco resultado.

Nós, enquanto educadores da fé, dos valores cristãos, da castidade, do celibato, precisamos ser mais convincentes com o nosso testemunho pessoal, se queremos ajudar os jovens a entender com mais profundidade o sentido da sexualidade e da genitalidade como expressão do amor e da comunhão de vida. Para isso é necessário que avaliemos a quantas anda nossa própria sexualidade e sua integração em nosso projeto de vida.

• Sexualidade como expressão de um amor amadurecido

A sexualidade integrada na vida é expressão do amor amadurecido. Para isso se faz necessária uma integração de toda a personalidade. A sexualidade é parte de um todo que se integra em um indivíduo, que se conhece em seus aspectos humanos e afetivos, que tem consciência clara de sua opção de vida, que tem internalizado os valores nos quais acredita e que expressa suas convicções pelo seu modo de viver. A sexualidade integrada perpassa todos as atitudes do indivíduo e se manifesta também como afetividade madura, equilibrada, alegre, vivaz e criativa. Pessoas, às vezes, mal-humoradas frequentemente se ressentem de uma integração sexual insatisfatória. Isto vale para pessoas casadas, solteiras, celibatárias... A sexualidade tanto pode se refletir em diferentes sintomas aparentemente não sexuais, em problemas afetivos, como em conflitos sexuais ou manifestações eróticas, como a masturbação.[3]

Sexualidade x dependência afetiva

Um dos aspectos mais em evidencia hoje nas relações interpessoais são as carências ou dependências afetivas. É comum ouvir expressões "hoje estou carente" como justificativa para situações com as quais o indivíduo não sabe bem como lidar ou se livrar. A carência afetiva (dependência) está presente em cerca de 60% das pessoas adultas normais. A busca da gratificação da carência afetiva se dá por diferentes formas, desde as abertas, conscientes, deliberadas, até as mais sofisticadas, que se escondem inconscientemente atrás de comportamentos e atitudes vistos externamente como virtudes. Por exemplo, gestos (aparentemente) de generosidade, muitas formas de altruísmo, falsa humildade etc. Essa carência

---

[3] A masturbação pode ser expressão de problemas de outra ordem, do tipo: relações interpessoais conflitivas, insucessos, frustrações no campo profissional etc.; descarga de tensão biológica, carência afetiva, situação penosa, alívio de solidão, complexo de inferioridade, sentimento de culpa etc. Cf. MOSER, Antônio. *O enigma da esfinge*. Petrópolis, Vozes, pp. 187ss. De acordo com o estudo de FRIEDRICH, M. A. *Motivations for coitus*, Clinical Obstetric Gynecology, 3. ed. 1970, pode-se procurar o relacionamento sexual pelos seguintes motivos: 1) para atenuar a ansiedade e a tensão; 2) para engravidar e/ou para ter um filho; 3) como afirmação da própria identidade; 4) como comprovação do valor pessoal; 5) como defesa contra desejos homossexuais; 6) como fuga de uma solidão ou da aflição; 7) como demonstração de poder sobre outra pessoa; 8) como uma expressão de raiva e de destruição; 9) como meio de satisfazer um desejo de amor infantil.

afetiva muitas vezes busca sua satisfação através da sexualidade, mantendo relacionamentos escusos. A fome de afeto, às vezes, é tanta que se devora o outro, a outra, com os pensamentos, com a fantasia, com a imaginação. Frequentemente a carência pode se tornar também agressividade, que aparece no azedume com que se atende as pessoas, ou no mau humor com que se vive o dia.

São muitas as razões por que alguém é carente afetivo. Frequentemente são casos que têm uma longa história vinda da infância, da adolescência, e que nunca foram tratados adequadamente. A carência afetiva, com o passar do tempo, mina as boas intenções, tira o elã por tudo aquilo que não gratifica e esvazia a vocação a ponto de torná-la infrutífera.

Alguém pode ser carente ou dependente afetivo por razões opostas. Explicando melhor. É carente por falta ou dependente por excesso. Na infância, quando a criança não recebe os afetos devidos, necessários para desenvolver-se afetivamente bem, pode ficar carente por toda a vida. Em sua atitude ante o mundo, age como alguém que se sente injustiçado e reclama porque "tinha um direito de origem que lhe foi negado", e agora vive cobrando esse direito das pessoas. Por outro lado, há aqueles que, quando pequenos, foram supermimados, que em casa não conheceram a frustração, foram sempre atendidos de modo até exagerado em suas demandas afetivas, não aprendendo a suportar frustrações. Quando foram para a escola e lá não obtinham a mesma atenção da professora e dos colegas, começaram a experimentar a frustração e, então, também se julgaram injustiçados, pois "tinham um direito adquirido e agora lhes é negado"; por isso, reclamam (choramingam) com os outros o afeto que precisam para sentir-se amados ou mesmo valorizados.

Como se vê, a questão afetiva e sexual é uma realidade humana complexa. Na verdade está ligada ao amor.[4] Podemos dizer que a carência ou dependência afetiva é uma forma de amor imaturo, não bem integrado.

Conclusões

Diante do acima exposto, podem-se inferir algumas conclusões para a vida. Entre elas podemos destacar a importância do autoconhecimento para uma integração da afetividade e da sexualidade. Esse aspecto pode não ser o mais importante, mas certamente é base para uma espiritualidade fértil e uma eficácia vocacional.

Conhecer a própria afetividade, como ela se desenvolveu, que aspectos ficaram imaturos, pode ajudar muito para prevenir neuroses, aflições, depressões.

Conhecer e integrar a própria sexualidade é fator indispensável para a saúde psíquica e para a harmonia na e da personalidade.

Buscar ajuda qualificada, quando se percebe que algo não vai bem na vida emocional, é querer-se bem e preservar o bem que já se fez e ainda se pode fazer.

Cultivar uma espiritualidade verdadeira é fator altamente positivo para a saúde psíquica.

Manter amizades sadias e tempo para si mesmo são outros fatores que contribuem para o equilíbrio psicológico e evitam a depressão.

---

[4] Eros, *filia*, ágape: três maneiras distintas mas complementares de o grego referir-se àquilo que denominamos "amor". Eros = amor sensibilidade, sensualidade; *filia* = amor, relações de amizade; ágape = amor entrega, comunhão.

Afetividade e sexualidade, dois aspectos intimamente unidos, apenas separados para efeitos pedagógicos de compreensão. Ambas sobrevivem na dependência mútua. Uma não existe sem a outra.

Bibliografia

CENCINI, A.; MANENTI, A. *Psicologia e formação*. São Paulo: Paulinas, 1988.

DAL MOLIN, Nico. *Itinerário para o amor*. São Paulo: Paulinas, 1996.

HERERRO, Joaquim Campos. *Encontrar-se consigo mesmo*. São Paulo: Paulinas, 2000.

IMODA, Franco (org.). *Olhou para ele com amor*. São Paulo: Paulinas, 2002.

IONATA, Pasquale. *Saber amar-se*. São Paulo: Paulinas, 2000.

LUCISANO, Antônio; DI PIETRO, Maria Luísa. *Sexualidade humana*. São Paulo: Paulinas, 1996.

MOSER, Antônio. *O enigma da esfinge*. Petrópolis, RJ: Vozes, 2001.

MURARO, Rose Marie; BOFF, Leonardo. *Feminino e masculino*. 3. ed. São Paulo: Sextante, 2002.

NOUWEN, Henri J. M. *A voz íntima do amor*. 5. ed. São Paulo, Paulinas, 2003.

NOVELLO, Fernanda Porolari. *Um mergulho em si*. São Paulo, Paulinas, 2002.

SPERRY, Len. *Sexo, celibato e eglesia*. Santander: Sal Terrae, 2004.

VV.AA. *Afetividade e Vida Religiosa*. Rio de Janeiro: Publicações CRB, 1989.

2) A questão da homossexualidade

O termo *homossexualidade* foi usado pela primeira vez em um boletim alemão de autoria anônima, publicado em 1869, que tinha como objetivo se opor a uma lei prussiana de antissodomia. No mesmo ano, o termo foi usado por um médico húngaro que defendia sua legalização. Na última década do século XIX, apareceu pela primeira vez na língua inglesa, num trabalho do tradutor Charles Gilbert Chaddock, e, desde então, tem sido amplamente utilizado na literatura contemporânea, quando se trata do assunto.[5]

No início a *homossexualidade* foi definida como *preferência sexual* para se contrapor à psiquiatria tradicional, que a considerava como uma perversão ou um "desvio" de conduta.[6] Pela pressão dos grupos militantes homossexuais, passou-se a falar em *orientação sexual e mais recentemente em orientação homoafetiva*. Também por vezes usou-se o conceito "modo de vida alternativo".

Hoje, o termo "orientação sexual" serve para indicar basicamente três orientações sexuais, vistas como naturais:

- heterossexual: o indivíduo que sente atração sexual por pessoas do sexo oposto;

---

[5] TESON, Nestor Eduardo. *Fenomenologia da homossexualidade masculina*. São Paulo, Edicon, 1989.

[6] Em 1973, a Associação Psiquiátrica Americana excluiu do DSM a homossexualidade como "desvio de conduta". A Associação Americana de Psicologia declarou que a homossexualidade não era uma patologia em 1975, e em 1º de janeiro de 1993 a Organização Mundial da Saúde (OMS) retirou-a de sua lista de doenças mentais.

- homossexual: o indivíduo que sente atração sexual por pessoas do mesmo sexo;

- bissexual: o indivíduo que sente atração sexual por pessoas de ambos os sexos, embora possa haver graus de intensidade diferentes.

Quero agora tratar desse assunto com referência à questão vocacional.

Uma das preocupações de quem trabalha na formação é a questão da homossexualidade, cada vez mais frequente em ambientes formativos. Deve-se ou não aceitar para o sacerdócio e/ou para a vida consagrada alguém com orientação homossexual? Eis a questão. Certamente que é uma demanda difícil e complexa. Não há uma resposta única. Sim ou não. É necessário analisar alguns fatores, entre os quais: Qual a capacidade que o indivíduo tem ou terá para viver sua orientação sexual segundo os valores do celibato e da castidade, que são exigências seja para o homo, seja para o hétero? Para os de orientação homossexual, ela está marcada por experiências de intercursos com vários parceiros? Tem o indivíduo uma estrutura de personalidade que lhe dá condição para controlar seus impulsos homossexuais? Qual a capacidade do indivíduo para assimilar os valores vocacionais e tê-los como força que lhe permita controlar sua homossexualidade. É bom que se diga que em relação à capacidade de assimilar os valores vocacionais, vale também para quem é hétero. Essas questões devem ser analisadas com cuidado e acuidade, para então se decidir se é conveniente ou não admitir tal sujeito ao sacerdócio e/ou à vida consagrada.

a) **Algumas considerações preliminares**

Algumas considerações preliminares pertinentes a distinções relativas à homossexualidade. Oversey[7] distingue três formas de homossexualidade:

a) a homossexualidade aberta;

b) a pseudo-homossexualidade; e

c) o medo da homossexualidade.

Para cada uma dessas manifestações, ele considera importante examinar a presença e função de três componentes geralmente presentes nas motivações para as relações ou tendências homossexuais: a dependência afetiva, o poder e a gratificação sexual como tal. Na homossexualidade aberta,[8] explícita, a busca da gratificação sexual é a motivação principal, enquanto a dependência afetiva e o poder poderão estar presentes, mas de modo secundário. Neste caso, uma pessoa suficientemente atrativa do mesmo sexo torna-se um objeto de desejo sexual do homossexual. A busca da satisfação do desejo sexual torna-se impessoal. Isto é, qualquer pessoa, tanto hétero como homo, pode tornar-se objeto de seu desejo. No caso de pseudo-homossexualidade, a motivação relaciona-se mais com a dependência afetiva e com o poder como busca de um vínculo com a outra pessoa, e a gratificação sexual é secundária. Em outras palavras, a necessidade do afeto do outro e sua proteção são mais importantes do que a relação sexual propriamente dita. Nesses casos o foco da pessoa se

---

[7] OVERSEY, L. *Homosexuality and Pseudohomosexuality*. New York, Science House, pp. 28-31; WARDELL; POMEROY, B. *Dr. Kinsey and the Institute for Sex Research*. New York, Harper & Row, 1972, p. 76.

[8] Este tipo parece ser aquele ao qual a Instrução se refere como "radicada". Cf. Documento n. 2.

dirige a uma pessoa em particular, percebida como importante para ela para gratificá-la afetivamente ou dar-lhe proteção. Suas atenções concentram-se numa pessoa percebida como tal ou em poucas pessoas; diferentemente da homossexualidade aberta, que se dirige a várias pessoas. No caso do medo da homossexualidade, a atração sexual é heterossexual, porém, o conflito está no "medo de ser" homossexual, sem, contudo, sentir atração sexual por pessoas do mesmo sexo e nunca ter tido relação do tipo homossexual, ou, se teve, foi em circunstâncias especiais por falta de outra opção ou pressão do grupo. O sujeito pode ser carente afetivo ou com sentimento de inferioridade acentuado e desejar isso do outro, confundindo busca de afeto ou segurança com atração sexual.

No caso da homossexualidade aberta, onde há ausência de atração heterossexual, a perspectiva para a vivência do celibato é pobre. Em geral, é somente a ponta de um "iceberg"[9] que esconde outros conflitos subjacentes à orientação homossexual. Três outros fatores devem ser considerados ainda em relação à homossexualidade aberta. Primeiro, se o candidato está identificado publicamente com a chamada "cultura gay"; segundo, se é sexualmente promíscuo, mantém contatos com vários parceiros sexuais. Isto é um mau sinal, pois mostra a instabilidade nas relações humanas, qualidade importante para o equilíbrio na conduta futura ministerial; terceiro, atração sexual por crianças ou jovens, que poderia indicar uma tendência à pedofilia ou efebofilia. Feitas essas distinções, o candidato com homossexualidade aberta seria contraindicado para a aceitação vocacional, a menos que

---

[9] LESSE, S. *Editorials in the American Journal of Psychotherapy*, XXVII (1973) e XXVIII (1974) pp. 1-3.

pudesse ter previamente uma ajuda profissional para resolver os problemas envolvidos na homossexualidade.[10] Quanto à pseudo-homossexualidade, mais ligada a necessidades imaturas de dependência ou dominação, tem um prognóstico melhor, sendo preciso avaliar caso a caso. Quanto ao tipo medo da homossexualidade, não parece oferecer maiores dificuldades, embora possa indicar uma certa fragilidade em sua identidade.

Há também outras distinções que se fazem quando se fala de homossexualidade.[11] Há a chamada "homossexualidade transitória", que pode aparecer no período da adolescência como uma experiência, enquanto o sujeito está ainda em fase de autodefinição de sua personalidade, mas que não se fixa;[12] há a homossexualidade "como substituição", que aparece em situações onde pessoas do mesmo sexo são obrigadas a viver juntas (quartéis, prisões); e há a homossexualidade "estrutural". Essa indica uma predominante atração por pessoas do mesmo sexo. Tal atração pode ocorrer como uma expressão meramente psicológica (relação platônica), até a prática genital (relação sexual). Essa prática genital deve ser distinguida da pedofilia ou de outras formas de parafilias. A porcentagem de homossexuais estruturais é de 3 a 5% nas sociedades

---

[10] BIEBER, I.; BIEBER, T. B. Male Homosexuality, Canadia, *Journal of Psychiatry* 24 (1979), p. 416. Os autores afirmam que 30 a 50% dos homossexuais masculinos podem, com uma apropriada psicoterapia, superar o problema da orientação homossexual. Mas o sucesso da terapia está ligado à resolução dos outros problemas envolvidos, que não podem ser considerados fáceis ou simples. Parece que a Instrução refere-se a este caso, quando fala de homossexualidade profundamente radicada. Cf. Documento n. 2.

[11] BRUGES, Fr. Jean-Louis, O. P. Christian Anthropology and Homosexuality – 14. Elements of pastoral care for homosexual persons, *L'Osservatore Romano*, Weekly Edition in English, 18 June 1997, p. 14.

[12] *Letter to School Officials.* Posted By Ron On March 1, 2010. Disponível em: www.FactsAboutYouth.com.

de cultura ocidental.[13] A homossexualidade estrutural como elemento da personalidade subjetiva do sujeito tem de ser diferenciada de atos homossexuais. Ela começa a aparecer precocemente no início da formação da personalidade, antes do despertar por escolhas livres e responsáveis. Isto significa dizer que o homossexual não fez uma escolha livre de sua condição. Na maioria dos casos isso ocorre durante a adolescência, ou antes, raramente depois. Em geral, é experimentada como dissabor, como infortúnio, como uma injustiça ("por que isso aconteceu comigo?"). Nesse sentido, ela foge de uma avaliação moral, não pode ser considerada uma falta ou pecado. Tais mecanismos ou tendências não são morais nem imorais: eles existem! E. Levinas[14] nos convida a "aceitar os outros ao mesmo tempo respeitando sua alteridade. Não é a diferença que faz a alteridade, mas a alteridade que faz a diferença". Eu não posso dizer que aceito alguém, se aceito somente uma "parte dele". Aceitar, respeitar o homossexual, significa aceitá-lo como um todo, incluindo sua orientação sexual. Sabemos que nem sempre isso ocorre, sobretudo em função dos preconceitos. Como bem diz o documento da Congregação para a Educação Católica:

> A sexualidade é um componente fundamental da personalidade, é um modo de ser, de se manifestar, de comunicar-se com os outros, de sentir, de expressar e viver o amor humano. (...) A sexualidade caracteriza o homem e a mulher, é uma parte integral do desenvolvimento da personalidade e de seu processo educativo.

Em outras palavras, é do sexo que a pessoa humana recebe as características que, em nível biológico, psicológico e

---

[13] Ibidem.
[14] LEVINAS, E. *L'Autre et son Visage, Entretiens d'E. Levinas avec Emmanuel Hirsch*. Paris, Cerf, 1988, p. 92.

espiritual, a faz ser homem ou mulher, e assim vai crescendo para sua maturidade e inserção na sociedade.

b) Quais as possíveis causas da homossexualidade?

Dos vários estudos feitos até agora,[15] não há consenso sobre a origem da homossexualidade. A maioria dos estudiosos aceita que há uma variedade de aspectos que concorrem para o desenvolvimento da homossexualidade. Entre os diversos fatores se fala de fatores biológicos, psicológicos, ambientais e sociais. A APA[16] (American Psychiatric Association) dá crédito à teoria da homossexualidade congênita, mas

---

[15] Há pesquisas na área biológica, por exemplo, o estudo de cérebros de homossexuais, para verificar se há diferença em sua formação. Veja-se, por exemplo, as pesquisas inconclusivas de SIMON LEVAY, A Difference in Hypothalamic Structure Between Heterosexual and Homosexual Men, *Science*, 253: 1034 (August 1991); contestando os possíveis achados de LeVay, veja-se: MITCHELL et al., A Lack of Dimorphism of Sex or Sexual Orientation in the Human Anterior Commissure, *Brain Research*, 936 (2002): 95; e os estudos de gêmeos univitelinos de J. MICHAEL BAILEY and RICHARD C. PILLARD, A Genetic Study of Male Sexual Orientation, *Archives of General Psychiatry*, 48 (December 1991): 1089, 1094. Suas hipóteses foram questionadas pelos estudos de MIRON BARON, Genetic linkage and male homosexual orientation, *BMJ*, 307: 337 (7 August 1993); alguns estudos foram feitos sobre o nível hormonal, como os de: DARYL J. BEM, Exotic Becomes Erotic: A Developmental Theory of Sexual Orientation, *Psychological Review*, 103 (2): 328-29 (1996). Os estudos sobre causas biológicas até o momento são inconclusivas. Um grande número de cientistas crê que vários fatores conjugados podem estar na origem da homossexualidade; veja-se RALPH H. GUNDLACH, Childhood Parental Relationships and the Establishment of Gender Roles of Homosexuals, *Journal of Consulting and Clinical Psychology*, 33 (April 1969): 137; WILLIAM BYNE and BRUCE PARSONS, Human Sexual Orientation: The Biologic Theories Reappraised, *Archives of General Psychiatry*, 50 (March 1993): 236; RALPH R. GREENSON, "Dis-Identifying From Mother: Its Special Importance for the Boy, *International Journal of Psychoanalysis*, 49 (1968): 370; DANIEL G. BROWN, Homosexuality and Family Dynamics, *Bulletin of the Menninger Clinic* 27 (5): 229-30 (Sept. 1963). P. J. O'CONNOR, Aetiological Factors in Homosexuality as Seen in Royal Air Force Psychiatric Practice, *British Journal of Psychiatry*, 110 (May 1964): 384-385; JAMES R. BRAMBLETT JR. and CAROL ANDERSON DARLING, Sexual Contacts: Experiences, Thoughts, and Fantasies of Adult Male Survivors of Child Sexual Abuse, *Journal of Sex & Marital Therapy*, 23 (4): 313 (Winter 1997).

[16] NICOLOSI, J.; NICOLOSI, L. A. *Omossessualità, una Guida per i Genitori*. Milano, Sugarco Edizioni, 2003, p. 63.

reconhece que "numerosos cientistas pensam que a orientação sexual da quase totalidade dos indivíduos se configura nos primeiros anos de vida através de uma complexa interação de fatores biológicos, psicológicos e sociais".[17]

O Grupo ativista Gay P-FLAG, no opúsculo "Why ask Why?" [Por que perguntar por quê?], endereçado à pesquisa sobre homossexualidade e biologia, afirma:

> Até hoje, nenhum cientista declarou que os genes possam determinar a orientação sexual do indivíduo. No máximo os pesquisadores creem na existência de uma componente biológica (...) a homossexualidade, como qualquer outro comportamento humano, é indubitavelmente influenciada por fatores sejam biológicos, sejam ambientais.[18]

O Sociólogo Steven Goldberg[19] afirma: "não conheço nenhum adepto dos trabalhos sobre homossexualidade que tenha declarado que a mesma possa ser explicada sem fazer referência aos fatores ambientais". Segundo o psiquiatra Jeffrey Satinover,[20] não se deve procurar o "gene *gay*" que determina a homossexualidade, porque ele simplesmente não existe. É correto então dizer que a homossexualidade é uma normal e conatural variante da natureza humana? Embora em alguns indivíduos certamente possam agir determinados influxos hormonais pré-natais ou genéticos que "abrem as portas" à homossexualidade e que produzem confusão sexual

---

[17] AMERICAN PSYCHOLOGICAL ASSOCIATION. Answers to Your Questions about Sexual Orientation and Homosexuality (opúsculo), apud NICOLOSI, op. cit., p. 63.

[18] Parents and Friends of lesbians and gays, Why ask Why? Adresseing the Research on Homosexuality and Biology (1995). Opúsculo preparado com a colaboração de Clinton Anderson, da American Psychological Association, apud NICOLOSI, op. cit., p. 63.

[19] STEVEN GOLDBERG, *When Wiah Replaces Thought*. Why so much of what you believe is false. Bufallo, N.Y. Prometheus, 1994, p. 63.

[20] SATINOVER, J. The Gay Gene? *Journal of Human Sexuality*, dirigido por G. Rekers Adisson, Tex.; Lewis & Sanley, 1996, p. 6.

na criança, não se pode por isso dizer que inevitavelmente esse indivíduo será homossexual. Ninguém nasce *gay*! Não existem provas científicas aptas a demonstrar que a homossexualidade é geneticamente predeterminada simplesmente porque algumas crianças mostram interesses atípicos para seu sexo biológico!

Para um grande número de pesquisadores,[21] os fatores ambientais contribuem grandemente para o desenvolvimento da homossexualidade. Suas raízes estariam em experiências da infância. Os desejos sexuais são o resultado de uma série de problemáticas, tais como violência carnal, doenças sexuais, rejeição por parte dos companheiros, relações insatisfatórias com o genitor do mesmo sexo, situações de abandono etc. No fundo começa com a falta de amor e o senso de alienação e solidão do indivíduo, que se transmuda em veneração por outros indivíduos, com o objetivo inconsciente de satisfazer tais necessidades.

J. Nicolosi[22] relata que, em sua experiência com os homossexuais, observou que quase todos os pais dos mesmos

---

[21] REMAFEDI, G. RESNICK, M.; BLUM, R.; HARRIS, L. Demography of sexual orientation in adolescents. *Pediatrics*. 1992.89:714-721. BILLY, J.; TANFER, K.; GRADY, W.; KLEPINGER, D. The sexual behavior of men in the United States. *Family Planning Perspectives*. 25(1993),52-61. Centers for Disease Control. CDC Analysis Provides New Look at Disproportionate Impact of HIV and Syphilis among U.S. Gay and Bisexual Men. Press Release. Wednesday, March 10, 2010. ZUCKER, K.; BRADLEY, S. Gender Identity Disorder and Psychosexual Problems in Children and Adolescents. *The Guilford Press*, New York, NY10012, 1995 (p. 283). National Association for Research and Therapy of Homosexuality. Report: What Research Shows: NARTH's Response to the APA Claims on Homosexuality? For the summary, see http://narth.com/docs/journalsummary.html (accessed 3/3/10). COLLINS, F. *The Language of God*: A Scientist Presents Evidence for Belief. New York. Free Press. 2007. p. 260 and p. 263. REMAFEDI, G.; FARROW, J. A.; DEISHER, R. W. (1991). Risk factors for attempted suicide in gay and bisexual youth. *Pediatrics* 87:869-875. Just the Facts Coalition. Just the Facts about Sexual Orientation and Youth. *American Psychological Association*. 2008. Retrieved from http://apa.org/pi/lgbt/resources/just-the-facts.aspx (accessed 3/3/10).

[22] NICOLOSI, op. cit., pp. 89-90.

encontram-se dentro de um quadro de normalidade psicológica. Contudo, coloca-os em três amplas categorias:

1) os imaturos, que são homens normais e sadios, todavia, durante a fase crítica do desenvolvimento dos filhos (fase de identificação sexual), estão empenhados ao extremo com coisas externas à família e não levam em consideração as consequências negativas de sua ausência;

2) os narcisistas, que consideram os filhos uma extensão de si próprios e os usam para satisfazer suas próprias necessidades narcísicas;

3) os inaptos, que são em geral muito competentes profissionalmente e proveem as necessidades da família, mas em nível pessoal e afetivo são muito carentes e têm pouco a oferecer. Não têm reservas emotivas que permitam sair de si mesmos e ir ao encontro do outro.

Recentemente, a American College of Pediatricians[23] enviou uma carta aos diretores, professores e demais educadores das escolas dos EUA, oferecendo alguns critérios para a orientação sobre a questão de manifestações de tipo homossexual entre os pré-adolescentes e adolescentes. Segundo a carta, pesquisas científicas haviam constatado que entre os 26% de adolescentes que nessa fase tiveram ou manifestaram comportamentos homossexuais, quando completaram 25 anos, apenas 2 a 3% diziam ser homossexuais; todos os demais se declararam heterossexuais. Uma das razões apresentadas foi que nessa fase do desenvolvimento da

---

[23] *Letter to School Officials.* Posted By Ron On March 1, 2010. Disponível em: www.FactsAboutYouth.com.

personalidade é próprio do adolescente ter dúvidas sobre muitos aspectos de sua vida, incluindo a questão da identidade sexual.

Por essa pequena amostra dá para perceber a complexidade quando se quer determinar as causas da homossexualidade. Feitas essas considerações preliminares, vejamos algumas pistas para as questões levantadas.

c) Algumas indicações aos questionamentos levantados

Em primeiro lugar, quando se apresenta um candidato ao sacerdócio ou à Vida Religiosa, antes mesmo de se avaliar a questão da homossexualidade, é necessário verificar suas convicções relativas aos valores vocacionais. É uma primeira condição válida para todos, héteros e homos, porque é sobre eles que se apoia a própria vocação. Convém verificar se o sujeito tem alguma solidez quanto aos valores evangélicos que sustentam uma vocação, por exemplo, seu amor à pessoa de Jesus Cristo. O que ele fala a respeito de Cristo é fruto de uma convicção, de uma experiência, ou apenas citação retórica desprovida de atitudes vivenciais.[24] Se o sujeito não tem um conjunto de valores religiosos com alguma experiência já vivida, ou os tem, porém, de modo periférico, dificilmente se sustentará na vocação diante das pressões internas provenientes das tensões por necessidades afetivas e/ou sexuais, ou outras. Hoje se sabe que um percentual grande (60-80%)[25] de pessoas normais (héteros ou homos) encontram sérias

---

[24] Cf. BALDISSERA, Deolino P. *Palavras-chave nas representações simbólicas do sujeito. Conexões psicológicas com a religiosidade do candidato ao presbiterado católico.* Tese de Doutorado defendida na PUC-SP, em 16/10/2009. Disponível em: www.salvatorianos.org.br.

[25] RULLA, L. M.; IMODA, F.; RIDICK, J. *Estrutura psicológica e vocação.* São Paulo, Loyola, 1985, p. 103.

dificuldades no processo de internalização dos valores, devido a fatores inconscientes ligados à questão afetiva. São imaturos afetivamente.

Em relação à questão sexual, um grande desafio que se põe é examinar até que ponto o sujeito mostra disposições para manter-se casto diante dos apelos fortes veiculados de várias formas nos meios de comunicação e da permissividade em relação à sexualidade na praxe da sociedade atual. Viver o celibato neste contexto é ir numa espécie de contramão, o que exige muita coragem e convicção do que se pretende. Os sujeitos com orientação homossexual vão deparar-se com eventuais problemas que se vão somar aos que já trazem consigo, provocados pela sua sexualidade.

No caso dos sujeitos com tendências homossexuais que desejam seguir a vocação sacerdotal ou religiosa, conta muito também suas experiências anteriores ao ingresso na instituição religiosa. Se o indivíduo já tem muitas experiências de envolvimentos afetivos sexuais com vários parceiros diferentes, terá muitas dificuldades de manter o celibato em momentos de estresse, frustrações que o dia a dia provoca. Nessas circunstâncias as tensões internas tendem a exacerbar-se e a busca da compensação pelo lado mais frágil de sua personalidade se apresentará como uma possível saída. Em outras palavras, os impulsos homossexuais se apresentam como forças dominadoras e o indivíduo facilmente cede.

O vocacionado precisa estar ancorado em reservas interiores para suportar essas situações e resistir a tais demandas, caso contrário, isso aos poucos vai se tornar uma válvula de escape corriqueira. Certamente isto vai gerar conflitos interiores bastante sérios, no sentido de perceber as contradições entre aquilo que se propõe como ideal que exige autocontrole e sublimação e o que realmente é sua prática existencial.

As pessoas com orientação homossexual, às vezes, têm maior sensibilidade para alguns aspectos da vida, como percepções de cuidados com o corpo, com o ambiente. Sobretudo aqueles com características mais afeminadas. É necessário avaliar tais atitudes, para não pré-julgar a partir de preconceitos. Verificar se tais comportamentos estão dentro dos padrões normais identificados com dons que contribuem para o bem dos outros ou se se mostram exagerados e até ridículos, depondo contra o esperado testemunho que deve marcar a postura do vocacionado. Muitas vezes, em casas de formação essas questões geram conflitos grupais, viram motivos de debinhos e causam conflitos que vão dificultar a adaptação de tais indivíduos na convivência grupal e ser um motivo a mais para empurrá-los na busca de aceitação junto a grupos homossexuais.

Há ainda um outro fator em relação aos candidatos ao sacerdócio com orientação homossexual que diz respeito a sua definição de gênero. A definição de gênero refere-se ao sentido subjetivo que uma pessoa tem de ser homem ou mulher.[26] Há casos em que o problema não está na orientação sexual em si, mas sim em sua definição de gênero. Isto é, há uma ambiguidade ou mesmo uma constatação contraditória

---

[26] SPERRY, Len. *Sexo, Sacerdócio e Iglesia*. Santander, Espanha, Sal Terrae, 2003, p. 27. A Associação Psiquiátrica Americana lista os seguintes sintomas como típicos daidentidade de gênero infantil: intenso desejo ou repetida insistência de pertencer ao outro sexo; nos masculinos, interesse por vestes e tendência a imitar atitudes femininas; nas mulheres, a vontade de adotar vestes tipicamente masculinas; marcada e obstinada preferência por papéis do outro sexo, intenso desejo de participar de jogos e passatempos típicos do sexo oposto; marcada preferência por companheiros de jogo do sexo oposto. Citado por NICOLOSI, J. E.; NICOLOSI, L. *Omosessualità*. Una Guida per i Genitori, Milão, Sugarco Edizioni, 2004, p. 46.

entre sua "alma" feminina dentro de um corpo "masculino", que não casam entre si. São os chamados transexuais. O desejo psicológico de ser mulher que se vê aprisionado por um corpo masculino. Embora esses indivíduos dificilmente se apresentem como candidatos ao seminário, há que se considerar essa hipótese. Casos assim certamente não são recomendados a prosseguir na vocação.

Tanto para o heterossexual como para o homossexual, a vivência dos valores da castidade está subentendida primariamente à luz do desenvolvimento da capacidade de a pessoa ser fiel ao Outro Divino e ao outro humano. Essa fidelidade implica integridade física, psicológica e espiritual no seguimento de Cristo casto. Isto significa que Jesus Cristo torna-se gradualmente o centro de sua vida afetiva, que por sua vez deve se refletir em sua segurança interna, em sua liberdade interior, em sua transparência e serenidade, que foram as marcas do amor de Jesus pelos seres humanos.

Outra questão a ser verificada em relação à homossexualidade é se ela é egossintônica ou egodistônica.[27] Há uma ambivalência em ambas. Quando egossintônica, o indivíduo tende a vê-la como parte de sua personalidade e se acomoda a ela. Isto pode permitir-lhe conviver de modo mais sereno com sua situação e esforçar-se para ter um autocontrole sobre ela. Pode ocorrer também o contrário, ser negativa, isto é, o indivíduo ter uma atitude passiva e não fazer nenhum ou pouco esforço para controlar sua impulsividade. Torna-se passivo diante das solicitações, apoiando-se na ideia de que

---

[27] CID 10, em F66.1, define assim a orientação sexual egodistônica: "a identidade ou preferência sexual não está em dúvida, mas o indivíduo desejaria que isso fosse diferente por causa de transtornos psicológicos e comportamentos associados, podendo procurar tratamento para alterá-la".

"eu sou assim" e, portanto, se justifica por não querer pagar o preço da fidelidade. Quando é egodistônico, o indivíduo sente-se incomodado com a sua orientação e tenderá a buscar ajuda para conviver com ela de modo menos conflitivo, e nos momentos de crise dará vasão às suas tensões e partirá para prática homossexual até como forma de autopunição.

No caso de vocacionados de orientação homossexual, é papel do formador estar atento ao progresso no crescimento da integração pessoal global do sujeito, mormente em relação às dificuldades ligadas à área da sexualidade.

d) Estrutura da personalidade

Independentemente da orientação sexual, a questão da estrutura da personalidade deve ser considerada em relação aos vocacionados. Estrutura da personalidade, já tratada anteriormente, é entendida como a combinação daquilo que o indivíduo é atualmente e aquilo que ele pretende ser. Em outras palavras, entre seu "eu atual" e seu "eu ideal".[28] Se sua personalidade é sólida ou marcada por fragilidades que não suportariam as exigências da vida ministerial e/ou consagrada. Como sabemos, há componentes inconscientes que pressionam contrariamente a assimilação dos valores vocacionais.

---

[28] RULLA, L. M. *Antropologia da vocação cristã*. São Paulo, Paulinas, 1986, pp. 371-372. Obs.: a estrutura da personalidade é entendida como apoiada sobre o *eu atual* que comporta o aspecto do *"eu manifesto"*, é o conceito de si; e outro aspecto que é o *"eu latente"*, aspecto inconsciente revelado, p. ex., por testes projetivos; há ainda o aspecto do *"eu social"*, que é o eu tomado como objeto social. Quanto ao *"eu ideal"*, é composto de dois aspectos: *os ideais pessoais* (ideais que o indivíduo escolhe para si) e os *ideais institucionais*, que se trata da percepção que o indivíduo tem dos ideais da instituição (p. ex., da vocação cristã). Cf. também CENCINI, A.; MANENTI, A. *Psicologia e formação*. São Paulo, Paulinas, 1988, pp. 145-147.

A busca pela gratificação sexual frequentemente de forma imatura compromete a capacidade de o indivíduo ser livre para viver o valor da castidade. "A sexualidade humana é um componente fundamental da personalidade, um modo de ser, de manifestar, de comunicar-se com os outros, de sentir, de expressar e de viver o amor humano."[29] Não podemos menosprezar a força da "cultura narcisista"[30] cultivada de diversas maneiras atualmente, em que a afetividade e a sexualidade têm livre expressão e legitimação social, justificadas como permitidas porque correspondem ao "sentir-me bem", que na maioria das vezes significa satisfazer os desejos e apetites individuais sem levar muito em conta outros aspectos, como o respeito por valores humanos e espirituais que estão em contradição com tais posturas. Um subjetivismo que na realidade nega a doação gratuita, o desprendimento de vontades próprias em favor dos outros. Um subjetivismo que exclui o sacrifício e a oblatividade de um sujeito ao outro, aspectos estes muito recomendáveis aos vocacionados.

Sendo a afetividade e a sexualidade aspectos inerentes ao ser humano, de alguma forma eles se expressam no indivíduo. Há de se examinar se tais manifestações afetivas e sexuais são integradoras e realizadoras. Quando essas necessidades afetivas, sexuais, se apresentam à mente, à fantasia, aos sentimentos, elas por si não "sabem" se a medida de sua expressão corresponde aos padrões adequados ou não, se

---

[29] CONGREGAÇÃO PARA A EDUCAÇÃO CRISTÃ. Orientações educativas sobre o amor humano, 1 nov. 1983, n. 4, in *L'Osservatore Romano*, ed. Português II.XII, 1983, p. 5.

[30] Assim como a histeria era o mal psíquico mais difuso nos tempos de Freud, e a depressão no período imediatamente pós-guerra, e uma certa neurose obsessivo-compulsiva durante os regimes totalitários, hoje parece ser o narcisismo a marca de nosso tempo. Cf. CENCINI, A. Palestra proferida para a UISGM, Roma, 2004.

realmente integram o indivíduo no seu ser mais profundo ou se afastam disso. Sua tendência natural seria a busca de gratificação. Cabe ao indivíduo, pela sua capacidade racional e vontade, orientar ou controlar seus impulsos para aquilo que é a realização da totalidade de si. Normalmente a intuição e a experiência de cada um fazem uma leitura condicionada de como buscar o afeto e a gratificação sexual. Porém, nem todas as formas de busca correspondem ao bem da pessoa ou são socialmente aceitas, haja vista a pedofilia. A "sexualidade deve ser orientada, elevada e integrada pelo amor, que é o único a torná-la verdadeiramente humana".[31] Portanto, uma integração de personalidade é uma condição fundamental para a vivência e o desempenho vocacional.

e) Como identificar a homossexualidade

A homossexualidade não aparece de maneira uniforme. A orientação homossexual é frequentemente encoberta pela ansiedade, pela culpa, que pode estar relacionada com uma neurose. Às vezes, é mantida escondida por longo tempo ou mesmo pela vida inteira; outras vezes permanece de modo marginal. Pode ser também consciente ou inconscientemente sublimada em várias formas de atividades.[32] Muitos têm consciência de sua homossexualidade, mas não se "revelam" muito. Eles têm vida dupla: em comunidade ou grupos de homossexuais ou lugares de encontro se revelam, mas no seu ambiente de vida ou trabalho querem aparecer como heterossexuais "normais". Hoje em dia, como a homossexualidade é

---

[31] *Sexualidade humana: verdade e significado* – Orientações educativas em família, n. 11.

[32] GIANFRANCESCO ZUANAZZI, Christian. Anthropology And Homosexuality – 7, The homosexual condition: II. Structural attitudes, in *L'Osservatore Romano*, Weekly Edition in English, 30 April 1997, p. 9.

mais aceita socialmente, muitos assumem publicamente não só sua orientação, como também usam símbolos, distintivos etc. Em geral os meninos descobrem sua homossexualidade de maneiras diversas, mas a maioria deles torna-se consciente de que tem uma "mentalidade" diferente de seus companheiros por não partilhar dos mesmos interesses, por não sentir atração por mulheres da mesma maneira que seus colegas, por experimentar fortes emoções somente na presença de certos homens, por se sentir excluídos do grupo, por nunca viver de modo livre e espontâneo, por ser de certo modo expectador deles mesmos. No caso de vocacionado, ele nem sempre revela sua orientação homossexual, pois teme, se o fizer, não ser aceito ou ser vítima de preconceitos. Porém, é importante que se trate com clareza e transparência sobre o assunto com os candidatos. De preferência de maneira individual. Para isso é necessário, em primeiro lugar, despir-se dos preconceitos que se tenha a respeito e dialogar com franqueza e honestidade com o interessado sobre as implicações que isso acarreta para quem deseja consagrar-se a Deus, assumindo o celibato. É importante ter presente que vocação é um chamado para uma missão para a qual deve ter as condições mínimas de realizá-la, sabendo que não basta ser um "profissional" competente. Do vocacionado exige-se mais que isso! É necessária também uma estrutura interna que seja capaz de suportar as tensões provenientes da renúncia celibatária, como também o testemunho pessoal de vida em conformidade com os valores que identificam e sustentam a vocação. Claro que isso vale tanto para os homossexuais como para os heterossexuais.

Como, em geral, há por parte do vocacionado o receio de não ser aceito, caso revele sua tendência, então é preciso também se valer de outros instrumentos que possam ajudar no discernimento. Neste caso não se deve excluir a possibilidade de procurar ajuda de um especialista para uma correta avaliação da situação. O evangelho nos diz que é contra a caridade carregar sobre os ombros de alguém um peso maior do que ele possa suportar. Nesse sentido, ser complacente com o sujeito só para não frustrá-lo ou por falta de coragem de dizer-lhe a verdade pode criar uma ilusão que, com o tempo, vai se tornar um peso comprometedor, com sofrimentos que poderiam ser evitados. É preferível a verdade incompreendida do que a mentira camuflada.

A homossexualidade nem sempre é fácil de ser percebida, quando ela é dissimulada pelo sujeito. Sabemos que o ambiente de seminário, onde prevalece o masculino, onde só há homens, pode ser percebido inconscientemente como um lugar atraente para o homossexual, e buscar esse "lugar" vai ao encontro de suas expectativas inconsciente de encontrar parceiro.

Há sinais que evidenciam a presença da homossexualidade? Alguns sinais muitas vezes tomados como indicativos de homossexualidade são ambíguos, pois não necessariamente indicam tendência homossexual. Por exemplo, a falta de atração e interesse pelo sexo oposto, o desinteresse por esportes competitivos, como futebol, basquete etc., presença de interesses mais próprios do mundo feminino, como trabalhos, roupas, perfumes, excessivo cuidado com o próprio corpo, ciúmes por companheiros, apegos exagerados a um único amigo. Tipos afeminados.

Quando se trata de casos constatados de tendências homossexuais, é necessário avaliar os esforços levados a efeito pelo indivíduo no sentido de uma integração de toda sua personalidade. Isso pode ser verificado pela mudança de comportamentos e atitudes e pela firmeza de suas convicções, por sua capacidade de suportar com paciência mas não com passividade o sofrimento, e por sua vida de piedade genuína, sem pietismos. Outro indicador é o grau de interesse em aprofundar o conhecimento de si, a aceitação dos próprios limites, bem como a capacidade de suportar frustrações sem perder a estima de si e a capacidade de amor oblativo pelos outros e por Deus.

f) Há possibilidades de evolução da homossexualidade para a heterossexualidade?

Quanto à possibilidade de reversão da homossexualidade para a heterossexualidade, há controvérsias. Há diversos estudos que afirmam ser possível em alguns casos. Atualmente, as principais organizações internacionais de saúde afirmam que ser homossexual ou bissexual é uma característica compatível com uma saúde mental e um ajustamento social completamente normais. Desde 1973 a homossexualidade não é mais classificada como um transtorno pela Associação Americana de Psiquiatria. Em 1975, a Associação Americana de Psicologia adotou o mesmo procedimento ao deixar de considerar a homossexualidade uma doença. No Brasil, em 1984, a Associação Brasileira de Psiquiatria (ABP) posicionou-se contra a discriminação e considerou a homossexualidade algo que não prejudica a sociedade. Em 1985, a ABP foi seguida pelo Conselho Federal de Psicologia (CFP), que deixou de considerar a homossexualidade um desvio sexual e, em 1999, estabeleceu regras para a atuação dos psicólogos em relação às questões de orientação sexual, declarando que "a homossexualidade não constitui doença, nem distúrbio e nem perversão", e que os psicólogos não colaborarão com eventos e serviços que proponham tratamento e/ou cura da homossexualidade. No dia 17 de maio de 1990, a Assembleia Geral da Organização Mundial de Saúde (OMS) retirou a homossexualidade da sua lista de doenças mentais, a Classificação Internacional de Doenças (CID). Por fim, em 1991, a Anistia Internacional passou a considerar a discriminação contra homossexuais uma violação aos direitos humanos.

Há autores que sustentam ser possível reverter a questão em diversos casos, desde que certas condições estejam presentes. Há testemunhos de muitos casos tratados com sucesso quanto à mudança de orientação sexual, de homo para hétero; contudo, isso se dá num processo lento e gradual. Exige um tratamento especializado. "É importante recordar que, quando se fala de mudança, se entende a gradual diminuição dos impulsos homossexuais e o contemporâneo aumento gradual dos impulsos heterossexuais."[33] Ao longo do processo não estão descartadas recaídas ou regressões, e, como para todas as mudanças psicológicas, provavelmente a transformação não será total e no curso de suas vidas tais indivíduos vão experimentar ainda sentimentos homossexuais persistentes. Uma terapia terá mais probabilidade de sucesso à medida que o sujeito for impelido pela dor e atraído por um valor. Segundo J. Nicolosi, as mudanças se manifestam em três áreas de ação:

1) na identidade – a consciência de ser realmente um indivíduo heterossexual, mas com problema de homossexualidade;

---

[33] NICOLOSI, op. cit., p. 151.

2) no comportamento sexual – a capacidade de resistir à tentação homossexual;

3) na atração – a capacidade de não desejar mais alguém do mesmo sexo.

As dificuldades maiores recaem, sobretudo, em relação à terceira área, cujas transformações são mais lentas e subjetivas. Para Nicolosi, o processo de identificação na infância do homossexual foi incompleto, e isso devido às relações difíceis com as figuras parentais, em especial com o pai. O menino homossexual é como aquele que ficou na janela da cozinha olhando os outros meninos brincar na rua, e ele ali, sem poder sair para brincar.

Convém citar aqui, a título de ilustração, o testemunho de um famoso psiquiatra americano, Dr. Rober Spitzer, que fez parte do grupo de trabalho que eliminou a homossexualidade do manual das doenças mentais (DSM), em 1973:

> Como a maior parte dos psiquiatras pensava que os comportamentos homossexuais pudessem ser bloqueados pelo autocontrole, mas não que pudessem realmente mudar. Hoje creio que seja falso, pois alguns indivíduos conseguem efetivamente mudar.[34]

A questão da homossexualidade não pode ser vista só no âmbito da ciência, por mais que ela seja importante, visto que, quando se trata da pessoa humana, há aspectos que vão além das ciências humanas. Compartilho da opinião de J. Nicolosi, que discorda da afirmação de que a "ciência

---

[34] Apud NICOLOSI, op. cit., p. 148. O mesmo Spitzer conclui que, após pesquisa conduzida por ele com 143 homens e 57 mulheres, "em contraste com as opiniões convencionais, alguns indivíduos altamente motivados estão em grau de operar uma mudança substancial nos múltiplos indicadores da orientação sexual e conseguir um bom grau de identificação heterossexual". Apud NICOLOSI, op. cit., p. 149-150.

demonstrou que a homossexualidade é normal". Podemos afirmar que o campo da ciência é limitado quanto a fazer tais afirmações, pois "aquilo que somos", ou seja, o que é normal, sadio, autorrealizável ou funcional em um sentido totalmente humano, não é de natureza científica, mas filosófica. A ciência é um instrumento de incalculável valor, mas não está em condição de responder as seguintes questões fundamentais da vida, quais sejam: "De onde viemos? Qual é nossa finalidade? Como é mais justo viver?". A ciência é cega nos confrontos do espírito humano e não pode dizer quem somos.[35] Como há questões de fundo que precisam ser mais bem pensadas e entendidas para que haja mais luz a respeito de assunto tão complexo, as análises ainda são inconclusivas.

g) Progressos na integração pessoal

Para os candidatos ao sacerdócio e/ou à Vida Religiosa, é necessário um acompanhamento personalizado para ajudá-los numa integração pessoal em todos os níveis (humano, psíquico, social, afetivo, sexual, religioso, espiritual). Para isso se faz necessário o diálogo formativo frequente entre o sujeito e seu formador. Nesses colóquios o indivíduo poderá ser confrontado e confrontar-se com alguém que o acompanha no seu cotidiano e juntos podem avaliar seu progresso, seu esforço no sentido de integrar dentro de si seus ideais, suas necessidades e suas dificuldades, mormente aquelas derivadas de sua afetividade e sexualidade. Atenção especial merece estas últimas, quando se trata de lidar com tendências homossexuais. Elas exigem um esforço maior por conta de suas manifestações facilmente identificáveis como contrárias

---

[35] NICOLOSI, op. cit., p. 178.

à opção que o indivíduo está assumindo. É necessária uma avaliação contínua do crescimento rumo a uma maturidade humana e espiritual sólidas, garantindo uma perseverança eficaz. Daí surge uma exigência em relação aos que trabalham com formandos: uma formação adequada que lhes dê, além da boa vontade e denodo, competência para lidar com vidas que se desejam entregar a uma causa que vai além da mera realização pessoal, que é aquela da missão que assume na Igreja de seguir a Cristo, com seu testemunho pessoal edificante e não escandaloso.

Quanto à integração pessoal, ainda uma palavra quanto à relação sadia no convívio com ambos os sexos. Os candidatos ao sacerdócio e à Vida Religiosa no seu processo formativo devem desenvolver-se também dentro de um convívio sadio com pessoas de ambos os sexos. Isso implica uma relação afetuosa, madura, respeitosa, em que predomine o respeito às opções de vida, cultivando a amabilidade, a vida fraterna e amiga, tão necessárias ao equilíbrio psíquico e bem-estar, que favorecem a entrega generosa de si pela causa abraçada e um amor oblativo. Nesse processo de amadurecimento há de se desenvolver também a capacidade da sublimação afetiva, que se traduz em um apostolado fecundo e rico em criatividade e solidariedade para com todos. É a partir daí que a capacidade de renúncia livre se fortalece e se traduz numa vida integrada. Favorece também o crescimento na maturidade afetiva, em um ambiente comunitário saudável onde o respeito por cada um seja levado a sério, bem como um espírito fraterno de mútua ajuda e coenvolvimento nas responsabilidades compartilhadas e o zelo por aquilo que é comum. Além disso, deve haver o cultivo de amizades verdadeiras com apoio mútuo e reconhecimento dos dons e valores pessoais. É de muita valia também a experiência pastoral, onde o sujeito se sinta útil e capaz de fazer o bem aos outros, envolvendo-se em projetos da comunidade Igreja, e sinta também seu empenho como doação para uma causa que está abraçando e que ultrapassa suas meras necessidades psicoafetivas, e que lhe dão alegria íntima por perceber-se capaz de doar-se por um amor maior, que é aquele proposto por Jesus aos seus seguidores.

Conclusão

Como se viu, a questão da "homossexualidade" no processo formativo é complexa e exige mais aprofundamento e estudos. Contudo, não se pode esperar ter todas as questões claras para se começar a agir. Já há elementos suficientes que permitem um tratamento do assunto a partir de alguns critérios, tanto aqueles dados pela ciência, especialmente pela psicologia e sociologia, como aqueles de ordem espiritual e religiosa. Ficou evidente que uma questão básica a ser superada é a do preconceito, que em nada contribui para quem lida com seres humanos. As observações dos documentos da Igreja a respeito da homossexualidade devem ser tomadas com seriedade, cientes daquilo que ela própria recomenda: buscar ajuda nas descobertas das ciências em relação ao comportamento humano, muito embora não seja o critério único, dado que há questões de ordem teológica e filosófica implicadas.

Aceitar o desafio diante das questões levantadas faz parte do trabalho de quem se dedica a causa tão nobre e complexa, que é a de ajudar no discernimento vocacional de candidatos para o sacerdócio e/ou para a Vida Religiosa.

3) A questão da masturbação

Relacionada com a sexualidade está a questão da masturbação. A masturbação é a estimulação dos órgãos genitais manualmente ou por meio de objetos, com a finalidade de obter prazer sexual. Ela é feita pelo próprio indivíduo ou por outro que manipula seus genitais.

O termo foi usado pela primeira vez pelo médico inglês e fundador da psicologia sexual, Dr. Havelock Ellis, em 1898. Foi formado pela junção de duas palavras latinas: *manus*, que significa "mãos", e *turbari*, que significa "esfregar", com o significado de "esfregar com as mãos". A masturbação é constatada em ambos os sexos, começando sobretudo na puberdade. Ela foi observada em todas as culturas com diferentes conotações. Na Grécia antiga era comparada a um ato sexual usual e aceito como natural. No Egito antigo era uma prática coletiva feita em santuários como ritual às divindades. Os maias possuíam rituais de masturbação e os desenhavam em pedras. Os indianos viam como perda de energia vital e evitavam a prática para se sentirem fortes. O esperma era visto como o elixir da vida e devia ser conservado dentro do corpo o maior tempo possível. No império romano era comum os homens se masturbarem horas antes de ter relação sexual com mulheres, para retardar a ejaculação no coito. Na cultura judaico-cristã do Ocidente começou-se a condená-la por motivos religiosos e morais. O desperdício do sêmen (esperma) era visto como pecado grave. São Tomás de Aquino classificou-a como pecado contra a natureza. Na época se acreditava que o esperma era o responsável pela vida, e a mulher era apenas depositária da semente da vida, como a terra é para a semente; e toda a vida estava no sêmen, não se conhecendo o papel do óvulo. Portanto, jogar o sêmen fora era uma espécie de assassinato, pois o espermatozoide era como um bebê em miniatura. A Igreja na época considerava a masturbação uma doença abominável e um mal moral. Até a medicina via como doença que provocava distúrbios no estomago e na digestão, perda de apetite ou fome voraz, vômitos, náuseas, debilitação respiratória, tosse e enfraquecimento dos órgãos genitais, a ponto de ser causa de impotência.

Hoje é vista por muitos como fato natural sem maiores consequências; para outros, trata-se de um ato egoísta com peso moral. O *Catecismo da Igreja Católica* diz:

> Por masturbação se deve entender a excitação voluntária dos órgãos genitais, a fim de conseguir um prazer venéreo. (...) Na linha de uma tradição constante, tanto o magistério da Igreja como o senso moral dos fiéis afirmaram sem hesitação que a masturbação é um ato intrínseca e gravemente desordenado (...)

Qualquer que seja o motivo, o uso deliberado da faculdade sexual fora das relações conjugais normais contradiz sua finalidade. Aí o prazer sexual é buscado fora da "relação sexual exigida pela ordem moral, que realiza, no contexto de um amor verdadeiro, o sentido integral da doação mútua e da procriação humana" (n. 2352). Para formar um justo juízo sobre a responsabilidade moral dos sujeitos e orientar a ação pastoral, dever-se-á levar em conta a imaturidade afetiva, a força dos hábitos contraídos, o estado de angústia ou outros fatores psíquicos ou sociais que minoram ou deixam mesmo extremamente atenuada a culpabilidade moral. Aqui há dois aspectos a serem considerados. Primeiro, no aspecto objetivo todo ato masturbatório é intrinsicamente mau; no aspecto subjetivo, a culpabilidade pode ser grandemente reduzida ou até inexistir.

A masturbação, como se viu anteriormente, pode ser vista também a partir de seus significados simbólicos, sendo expressão de problemas de outra ordem, como relações interpessoais conflitivas, insucessos, frustrações no campo profissional, descarga de tensão biológica, carência afetiva, situação penosa, alívio de solidão, complexo de inferioridade, sentimento de culpa etc.[36]

Como se vê há diferentes compreensões sobre a masturbação. É uma questão que envolve não só impulsos, sentimentos, moralidade, subjetividade, grau de maturidade afetiva e sexual, capacidade de oblatividade, entrega, doação, como também conotações culturais e religiosas.

---

[36] MOSER, Antônio. *O enigma da esfinge*: a sexualidade. Petrópolis, Vozes, 2001, pp. 187ss.

Capítulo VII

Mecanismos de defesa

Mecanismos de defesa são processos psíquicos que protegem o eu quando este se sente ameaçado. São estratégias inconscientes que procuram adaptar o indivíduo ao meio onde se encontra e assim permitir que o nível de ansiedade não ultrapasse o ponto de autocontrole.

Frequentemente nos deparamos com insucessos, frustrações, coisas que não dão certo, e elas repercutem em nossa estima pessoal. Quem nunca se sentiu humilhado alguma vez, ou nunca se saiu mal em algum projeto pelo qual mantinha expectativas otimistas. Essas coisas muitas vezes fazem nos sentirmos débeis, desvalorizados, duvidando de nós mesmos, de nossas capacidades. Poderíamos resolver tudo isso olhando esses problemas de frente, de modo realista, aceitando os próprios fracassos, as consequências das próprias ineficiências, pagando o preço que isso tudo acarreta, aceitando os próprios defeitos e temores. O mais frequente que fazemos, porém, não é isso, porque temos já em nós, de longa data, estratégias de defesa para compensar e não resolver esse déficit em nossa autoestima. Criamos uma estima de nós estruturada sobre mecanismos de defesa e acabamos por acreditar que elas sejam realistas, quando na verdade são enganosas.

Os mecanismos de defesa nascem na pessoa e funcionam como recursos inconscientes que permitem controlar a realidade e adaptar o indivíduo quando se sente ameaçado. É uma maneira de contar estórias a si mesmo, fazendo de conta que são verdades. Usamos habitualmente desses mecanismos para fazer frente a conflitos com a realidade exterior e com a realidade afetiva interna. Eles nos permitem manter a ansiedade sob certo controle.

Como tais, os mecanismos de defesa têm alguns objetivos:

a) Manter o equilíbrio do eu ante situações difíceis. Como enfrentar a dor da perda de alguém querido? Como manter a autoestima, depois de um fracasso?

b) Proteger ou restaurar a autoestima ameaçada por forças interiores instintivas ou afetivas.

c) Neutralizar conflitos com pessoas ou com aspectos da realidade percebidos como difíceis de solucionar: Como vencer uma pessoa com quem vivo em tensão, sem uma luta aberta e declarada?

Os mecanismos têm ainda três características comuns:

a) Negam, falsificam ou distorcem a realidade interna e externa.

b) São automáticos e não atos deliberados.

c) Atuam no inconsciente e, por isso, a pessoa não se dá conta do que acontece.

É bom que se diga que, falando de mecanismos de defesa, estamos dando uma explicação psicológica, e não fazendo avaliação moral. Eles atuam em nível inconsciente e enquanto tal não estão sob o controle da vontade nem da razão. Eles podem ser reconhecidos pelos seus efeitos.

Produzem distorções sistemáticas e acabam por desenvolver em nós estilos globais de personalidade ou traços específicos como rigidez, arrogância, cinismo etc.

Quando um determinado estilo de personalidade (veremos mais adiante) prevalece, ele transparece no modo de pensar, de perceber, de expressar os afetos, de estar com os demais, de reagir ante as situações. São modos de reagir automáticos e repetitivos.

Vamos agora dar alguns exemplos deles com suas definições.

Anulação retroativa: o indivíduo usa desse mecanismo de forma inconsciente para tentar livrar-se (cancelar) de uma ação feita no passado que causa culpa ou outro constrangimento. Exemplo: briga com a pai a vida inteira e depois que ele morre não para de ir ao cemitério rezar por ele.

Compensação: o indivíduo tenta compensar uma deficiência real ou imaginária, ou uma frustração, buscando satisfação em outra coisa que o ajude a controlar a ansiedade. Exemplo: ao sair-se mal numa prova escolar, compensa a frustração comendo desmedidamente.

Deslocamento (simbolização): a descarga emocional de indivíduo, que era dirigida a um objeto (pessoa), volta-se a outro objeto menos ameaçador. Exemplo: com raiva da mãe, descarrega a raiva batendo no irmão menor ou na porta.

Formação reativa: o indivíduo mostra um comportamento oposto àquele que está sentindo internamente. Exemplo: sente vontade de chorar mas tem vergonha, então ri para disfarçar.

Identificação: o indivíduo transfere a própria identidade para as qualidades ou traços do outro. Vê-se no outro. Exemplo: veste a roupa que seu ídolo usa.

Intelectualização: o indivíduo transfere um problema de fundo emocional para o nível racional, tentando assim negar a existência do problema emotivo. Exemplo: sente paixão por alguém e, em vez de dizê-lo abertamente, faz uma poesia sobre o amor.

Isolamento: o indivíduo tenta evitar que aflore um sentimento afetivo ameaçador, ignorando a sua existência. Quer resolver todas as situações com a razão e esconde o lado emocional – encapsula. Exemplo: esconde a dor por uma perda afetiva, vivendo-a como se não fosse nada.

Negação: aspectos dolorosos da realidade externa são inconscientemente manipulados pelo indivíduo, que nega sua existência. Exemplo: ao receber a notícia da morte de alguém próximo, faz de conta que não é verdade.

Projeção: o indivíduo atribui a outro os próprios impulsos inaceitáveis. Joga a culpa do seu problema sobre outra pessoa ou situação. Exemplo: não aceita a si mesmo e diz que são os outros que não o aceitam.

Racionalização: o indivíduo procura dar justificativas racionais para problemas emocionais. Tenta explicar o que é inexplicável, isto é, trata-se de algo de fundo emocional e não racional, e não aceita o sentimento ou emoção como ela é. Exemplo: desculpa-se por um fracasso para não reconhecer a frustração que sente.

Repressão: o indivíduo coloca fora do nível consciente algum material psíquico que não consegue aceitar. Exemplo: com raiva por algo que aconteceu, procura disfarçá-la guardando a tensão dentro de si. Quando há repressões fortes e persistentes, elas tendem a transformar-se em somatizações (doenças de fundo emocional que se manifestam no físico). Exemplo: enxaquecas, alguns tipos de alergias.

Regressão: o indivíduo manipula situações conflitivas intrapsíquicas, assumindo comportamentos inapropriados, infantis. Exemplo: ao sentir-se ameaçado em sua autoestima, comporta-se como criança indefesa, assume o papel de vítima.

Mecanismos de defesa primitivos

Existem alguns mecanismos de defesa que são chamados de primitivos. Eles são usados, em geral, quando falham os mecanismos antes descritos. Se eles fazem parte do comportamento habitual do sujeito e são repetidos com frequência, podem indicar alguma patologia. Vamos dar exemplos de alguns deles:

Cisão ("splitting"): o indivíduo não consegue lidar com aspectos positivos e negativos ao mesmo tempo. A realidade é dividida em uma parte boa e outra má. Tende a ver só a parte boa (então idealiza, vive no mundo da lua) ou só a negativa (assim se torna pessimista, negativista).

Onipotência e desvalorização: os outros são descritos pelo indivíduo como estúpidos. Refere-se a eles de forma irônica, não os levando a sério. Vê-se como alguém especial, enquanto os outros são um "zé-ninguém".

Negação massiva: o indivíduo nega uma realidade objetiva; ao afirmar uma coisa, logo em seguida nega que tenha dito.

Idealização primitiva: o indivíduo descreve alguém de maneira idealizada, todo-poderosa. A realidade mostra que o modo como está descrevendo não corresponde à verdade. Exemplo: descreve a pessoa de quem gosta ou admira totalmente sem defeitos, "*super!*".

Identificação primitiva: o indivíduo se identifica com outro a ponto de se anular nele. Não sabe distinguir o que é próprio dele e próprio do outro. Confunde-se no outro. Há certa despersonalização.

Mecanismos protetores de controle

Há mecanismos que são chamados de protetores. Sua característica é que estão no nível consciente e o indivíduo usa-os em benéfico próprio, evitando tensões desnecessárias. Vamos dar alguns exemplos:

Supressão: é uma atividade mental consciente de tirar do nível de preocupações aquilo que aparece na mente do indivíduo, mas ele não precisa cuidar dela naquele momento. A supressão facilita a concentração. O indivíduo deixa de pensar em algo que o preocupa, mas não tem de revolver naquela hora, podendo fazê-lo mais tarde.

Antecipação: o indivíduo planeja uma ação com antecedência para facilitar sua execução mais tarde. Exemplo: planeja com antecedência uma viagem, para no dia não ter que pensar em tudo.

Humorismo: o indivíduo sabe lidar com a realidade de forma menos rígida, ri das próprias bobagens, relativiza algumas situações que percebe não ser tão importante que aconteçam do jeito que quer.

Sublimação: o indivíduo transfere para áreas mais elevadas sentimentos, impulsos irracionais. Ter canais sublimatórios pode ser um bom hábito para canalizar as próprias energias.

A questão da normalidade e da anormalidade psíquica: saúde ou patologia

Saber se alguém é psiquicamente equilibrado ou não é uma tarefa de diagnóstico para psicólogos e psiquiatras. Aqui vou fazer um breve relato sobre isso. Ser normal psiquicamente falando, ou melhor, sadio tem a ver com algumas condições que o indivíduo deve demonstrar nas relações com si mesmo, com os outros e com o exercício de suas responsabilidades. Sadia é aquela pessoa que goza de um relativo bem-estar com si mesma; psiquicamente falando, consegue estar de bem com a vida. Mantém boas relações com os outros, sem estar em permanente conflito. Consegue também manter o desempenho de suas responsabilidades com perseverança, além de manter um contato com a realidade de forma objetiva, sem grandes distorções. O desequilíbrio psíquico começa quando alguma das situações antes descritas começa a ficar deteriorada. Por exemplo, o indivíduo fica quase o tempo todo com raiva de si, não se suportando, ou não consegue manter relações pacíficas com os outros; está sempre nervoso e discutindo, implicando, ou no trabalho não é produtivo e não persevera, mudando de trabalho com frequência, sem motivo.

Quando essas situações começam a se manifestar com frequência e são permanentes, é sinal de que há problemas que o indivíduo não está mais conseguindo administrar direito. Aí pode começar a se revelar algum tipo de doença ou desiquilíbrio psíquico. Em relação à patologia psíquica, existem vários graus. Quanto mais severos são os sintomas, mais grave pode ser a doença. Basicamente se pode enquadrar o desiquilíbrio psíquico a partir do grau de gravidade e classificá-lo como uma desordem de personalidade; esta atinge uma área da vida do sujeito, mas ele mantém as funções antes descritas em bom estado. Sente dificuldade só quando se trata da área afetada. Há, contudo, patologias que afetam uma área maior da vida do sujeito, como as neuroses, que são de vários tipos, por exemplo, as fóbicas, as obsessivas, as mistas etc. E também os estados chamados de *bordeline*, ou estados fronteiriços, que comprometem o desempenho do indivíduo, que tem sérias dificuldades de adaptação à realidade, precisando de cuidados especializados e mesmo de medicação psiquiátrica. E, por fim, há as doenças relacionadas às psicoses. São de vários tipos: esquizofrenias, paranoias, bipolaridade e associações a elas. Pode haver componentes biológicos (hereditários ou não) associados ao desequilíbrio da pessoa. Hoje em dia existe tratamento para todas elas. Embora nem sempre o indivíduo se cure totalmente, mas consegue ter uma condição de vida bastante razoável.

GRAUS DA DOENÇA MENTAL

Comparação com uma casa

Capítulo VIII

Personalidade: estrutura e conteúdo

Vamos examinar agora como pode ser entendida a personalidade. Há várias interpretações sobre isso. Uma é a visão da psicanálise que se baseia no ego, superego e id. Talvez essa seja a mais conhecida. Contudo, podemos entender a personalidade de outra maneira, aquela vista sob o ângulo do eu atual e do eu ideal. Essa parece mais adequada para se entender o funcionamento dos mecanismos psíquicos, sua estrutura e seus conteúdos, e como esses influenciam nossas decisões. Tal concepção que vamos descrever faz parte da teoria da autotranscendência desenvolvida por Luigi Rulla, um pesquisador sério e profundo conhecedor da alma humana. Ele, ao propor uma visão da personalidade, apresenta dois aspectos que a compõem: um estrutural, outro de conteúdo. A estrutura da personalidade rulliana se baseia nos seguintes conceitos.

Estruturas da personalidade

O EU (ou pessoa): princípio unificador de todos os processos e funções da personalidade; é o agente central que a unifica e a mantém em sua integridade. Sou "eu" que faço isso e me responsabilizo. Esse eu se compõe de duas estruturas básicas: um eu que podemos chamar de:

a) EU IDEAL: representa o que a pessoa deseja ser ou tornar--se. É o mundo dos valores, das aspirações, dos desejos, dos projetos e, às vezes, dos sonhos e das ilusões. Ele tem duas subestruturas:

- *Ideal pessoal*: refere-se aos valores e projetos que a pessoa escolhe por si mesma. É o que ela gostaria de ser ou fazer.

- *Ideal institucional*: é o ideal proposto por uma instituição, (expectativas, exigências...), mas visto sobretudo a partir da maneira como é percebido e interpretado pela pessoa.

b) EU ATUAL: representa o que a pessoa é – saiba-o ou não –, com suas necessidades e com seu modo de agir habitual (atitudes). Abrange três componentes:

- *Eu manifesto:* é o conhecimento que a pessoa tem de si e de seus atos; o que acha ou faz habitualmente. É o conceito de si: aquilo que a pessoa acredita ser. É o nível consciente da pessoa.

- *Eu latente:* é o conjunto de características que a pessoa possui, mas não conhece (emoções, motivações, atitudes emotivas, energias psíquicas, potencialidades positivas capazes de despertar a criatividade, a espontaneidade...). Fazem parte dela e influenciam sua conduta, embora não o perceba. É o nível desconhecido da pessoa.

- *Eu social:* é aquilo que a pessoa pensa ser aos olhos dos outros. Revela-se pelo relacionamento pessoal e grupal.

É importante alcançar um justo equilíbrio entre o eu ideal e o atual. A pessoa deve empenhar-se na valorização dos dois, integrando-os. Isso facilita o seu crescimento global e consequente autoestima e valorização positiva de si, base de toda uma caminhada vocacional autêntica.

Conteúdos da personalidade

Quanto aos conteúdos da personalidade, eles envolvem três tipos: são os *valores* que a pessoa possui ou deseja; as *necessidades* que derivam dos três níveis da vida psíquica, isto é, do nível fisiológico (comer, beber etc.), do nível social (todas aquelas que acontecem nas relações interpessoais – como a dependência afetiva, inferioridade, agressividade etc.) e do nível racional espiritual (necessidade de saber, entender etc.); e as *atitudes* que se desenvolvem em relação aos valores e necessidades.

1. Valores (dizem respeito ao eu ideal). São os ideais abstratos e duradouros de uma pessoa. São tendências gerais para a ação. São impulsos que indicam o caminho a seguir, a conduta a ser assumida, os objetivos a serem alcançados pela pessoa. Por exemplo: para a vida cristã, os valores são a imitação de Cristo e a união com Deus. Para alcançá-los são utilizados outros valores (instrumentos): a Palavra de Deus, os sacramentos, a oração etc. Os valores são frutos de uma opção livre e responsável da pessoa.

2. Necessidades (dizem respeito ao eu atual). São tendências inatas à ação, isto é, contêm energia psíquica necessária para que se possa exercitar qualquer atividade. São fontes energéticas, impulsos emotivos inerentes à pessoa e presentes em medidas diversas em cada um. São tendências emotivas do indivíduo, predisposições a agir de certa maneira, com base numa exigência emotiva. Na pessoa humana, são mais ou menos 30. Por exemplo: a necessidade de autonomia, de aceitação social, de aquisição, de autoestima, de deferência, de submissão...

Embora sejam tendências à ação, não levam necessariamente a ela. Dependem da decisão da pessoa e se exprimem por meio de atitudes. Por exemplo, se temos necessidade de autonomia, assumimos uma atitude independente e livre; se necessitamos de autoestima, a nossa atitude mostrará a nossa identidade como estável e positiva.

Se as necessidades forem conscientes, podem ser articuladas e assumidas. Se forem inconscientes, a ação delas não é percebida pela pessoa e podem ter grande influência em todo o seu agir.

3. Atitudes (dizem respeito aos valores e às necessidades). São uma predisposição a ter comportamento concreto, mas existem antes da própria ação. Por exemplo: a atitude racial é certa predisposição a favor ou contra determinado grupo e antecede o modo de agir. São disposições habituais, adquiridas através da experiência e resistentes à mudança. Podem exprimir tanto um valor como uma necessidade. Por elas, a pessoa escolhe os seus valores e necessidades.

a) Incluem três componentes: 1) Cognitivo – é ter uma opinião a respeito de uma realidade; é o que se pensa de um objeto. Por exemplo: uma atitude racista considerará os que não são de sua raça como uma raça inferior. 2) Afetivo – indica o sentimento de atração ou de repulsa diante do objeto da atitude. No caso: repulsa pelos que não são de sua raça. 3) Conativo (de impulso à ação) – indica a tendência ao comportamento com relação ao objeto. No caso, agir contra os que não são de sua raça.

A atitude não se identifica necessariamente com a ação exterior. Precisa-se indagar o porquê de tal atitude. Por exemplo, uma pessoa altruísta pergunta-se: "Por que me comporto assim?". Se for contestadora: "Por que defendo sempre minha ideia? Por quê?".

204

Isso é importante para descobrir as diferentes funções que a atitude pode exercer e direcionar-se mais facilmente à sua fonte: nasce das necessidades ou dos valores? As atitudes podem desempenhar funções diferentes? Ao menos quatro tipos. Vejamos:

b) Expressam funções: 1) Função utilitária – quando o sujeito tende, consciente ou inconscientemente, a obter gratificações ou evitar frustrações a si próprio. 2) Função defensiva – está presente quando o indivíduo, consciente ou inconscientemente, se defende de aspectos que o ameaçam. Em geral a defesa é contra inseguranças internas ligadas a um sentimento de culpa, de inferioridade, de tendências agressivas. Ambos os tipos não ajudam no crescimento para a maturidade. 3) Expressão de valores – é a busca de certos valores humanos ou sobrenaturais. 4) Função de conhecimento – serve para dar à pessoa uma compreensão organizada de si mesma e de seu mundo. Fornece critérios de ação.

Fontes motivadoras

Os valores e as necessidades são as duas grandes fontes motivadoras do agir humano. Os valores deveriam constituir a fonte principal. Na realidade, são as necessidades e os medos da pessoa que mais influenciam e predispõem para uma decisão pessoal. Isso se deve ao fato de que as necessidades, muitas delas, particularmente aquelas causadoras de sofrimento psíquico, atuam no nível inconsciente e estão a serviço dos interesses, medos, frustrações e satisfações do indivíduo.

Vamos examinar um grupo de necessidades que tem mais influência inconsciente na elaboração das motivações para uma vocação cristã e/ou sacerdotal ou religiosa.

a) Necessidades dissonantes: são aquelas que – por si só – se opõem aos valores evangélicos e vocacionais. Estão voltadas mais para o bem da pessoa e sua segurança. São estas:

- Sentimento de inferioridade (humilhação – desconfiança de si): tendência a subvalorizar-se, ceder, resignar-se; submeter-se passivamente a uma força externa; diminuir-se e rebaixar-se; ter medo de fazer aquilo que se é capaz; a repreender, diminuir, mutilar o eu; procurar a dor, a doença, o infortúnio e ter prazer nisso.

- Agressividade: tendência a vingar-se das desfeitas recebidas, atacar, investir, prejudicar; ser do contra e ficar na oposição; lesar, diminuir ou ridicularizar; caluniar, ironizar; espírito contraditório.

- Gratificação erótica: instrumentalizar o outro para o próprio prazer; conquistar para prender e depois abandonar.

- Autodefesa: tendência a não agir por medo do insucesso; conformidade passiva; afastar toda situação que possa causar críticas, escárnio; não admitir jamais os próprios erros; autojustificar-se até o fim diante de um malfeito, um insucesso, uma humilhação.

- Evitar o perigo: tendência a afastar o insucesso, a dor, a dificuldade; a preferir ambientes já conhecidos e organizados; acautelar-se com falsa prudência; não se expor; tomar medidas de precaução; evitar o risco.

- Exibicionismo: tendência a mostrar-se; ser o centro de atenção; admirar-se, fascinar, conquistar, impressionar, seduzir, provocar a curiosidade.

- Dependência afetiva: tendência a satisfazer as necessidades graças à ajuda afetuosa de um aliado; ser cuidado, apoiado, sustentado, envolvido, protegido, amado, consolado, guiado, favorecido, perdoado; ter sempre necessidade de apoio para poder continuar a caminhar; permanecer ao lado de um protetor devotado.

b) Necessidades neutras: são as tendências que ora se inclinam e colaboram com os valores, ora com as necessidades dissonantes. Estão voltadas mais para o serviço dos outros. Por exemplo:

- Realização (sucesso – consecução): tendência a reagir em qualquer situação difícil; atuar potencialidades latentes; desenvolver-se; agir quanto antes e do melhor modo possível, empenhando adequadamente os próprios talentos; aumentar a autoestima.

- Dominação: tendência a influenciar os outros por meio de sugestões, persuasões, ordens; dissuadir, proibir, convencer, propor, mostrar, informar, explicar, interpretar, ensinar, organizar.

- Contrarreação: tendência a superar com tenacidade as dificuldades, experiências frustrantes, humilhações ou situações embaraçosas, opondo-se à tendência de evitar ou de retirar-se diante de um compromisso ou situação que possa ter tais resultados; vencer o fracasso pelo esforço, superar a fraqueza, reagir superando-se para manter a autoestima.

- Afiliação: tendência inata para o outro, a fim de estabelecer relacionamentos de amizade e coleguismo; trabalhar ao lado de um aliado; colaborar, mudar pontos de vista; ligar-se a um amigo e permanecer-lhe fiel.

- Altruísmo (ajudar os outros): tendência a dar o próprio afeto sem reservas e satisfazer às necessidades de outrem, como uma pessoa desorientada, inexperiente, doente, humilhada, só, recusada, confusa; assistir uma pessoa em perigo, sustentar, consolar, proteger, guardar; executar comportamentos úteis aos outros.

- Ordem (necessidade de significado): tendência a dar-se um sentido; colher a natureza das coisas no mundo; pesar a carga dos próprios atos; colocar em seu lugar as coisas, dar-lhes um sentido; organização, equilíbrio, arrumação, comportamento adequado.

- Conhecimento: tendência a satisfazer a curiosidade, explorar; fazer perguntas; obter informações das mais elementares às mais abstratas e complexas; explicar a própria posição sobre a realidade.

Quando as necessidades dissonantes predominam na motivação e na escolha, criam-se na pessoa certas resistências (inconsistências) que impedem a internalização dos valores evangélicos e vocacionais. Estes podem ser aceitos intelectualmente, mas a pessoa é incapaz de acolhê-los afetivamente e viver de acordo com eles (é a não internalização dos valores). As inconsistências são forças contrárias aos valores (cf. Rm 7,15-19).

Como proceder para discernir sobre sua força motivacional?

É necessário verificar se as motivações procedem dos valores ou das necessidades (e que tipo de necessidades estão presentes: dissonantes ou neutras), para certificar-se se a escolha feita é:

a) consistente: isso se dá quando o indivíduo, no agir ou no decidir, é motivado, em nível consciente ou inconsciente, pelos valores ou por necessidades neutras que estão de acordo com os valores vocacionais. Por exemplo: a necessidade de ajudar os outros pode concordar com o ideal da caridade; a busca do sucesso é compatível com o bem e o amor aos outros, mas tem papel contrário em nível inconsciente.

b) inconsistente: isso acontece quando a pessoa, no agir e na escolha, é motivada por necessidades dissonantes. Por exemplo: busca de dependência afetiva, de ajuda, de segurança, com as relativas atitudes utilitaristas ou defensivas. Neste caso, a presença das "inconsistências" diminui a capacidade de aceitar e realizar os ideais vocacionais, como também torna mais ambígua a própria caminhada vocacional, diminuindo a capacidade efetiva de ser livre. Convém então verificar se as atividades provêm prevalentemente dos valores desejados ou das necessidades dissonantes.

Se as atitudes forem de natureza utilitarista ou defensiva – prestar atenção aos sinais verbais e não verbais que podem indicar isso –, então se pode supor que a motivação central da vocação provém das necessidades dissonantes. Isso leva a pensar que existam certas inconsistências vocacionais, apesar de um comportamento e vivência cristã (oração, apostolado etc.).

Sem dúvida, trata-se de uma área difícil a ser detectada; às vezes, é preciso ter o preparo adequado para perceber esses dinamismos intrapsíquicos. A pessoa dificilmente os detecta por ela mesma.

Referências bibliográficas

BRANDÃO, M. *Psicologia e formação religiosa*. São Paulo: Paulinas, 1984.

CENCINI, A.; MANENTI, A. *Psicologia e formação*. São Paulo: Paulinas, 1988.

MANENTI, Alessandro. *Psicologia e graça*. São Paulo: Paulinas, 1979.

RULLA, Luigi. *Antropologia da vocação cristã*. São Paulo: Paulinas, 1986.

_____. *Estrutura psicológica e vocação*: motivações de entrada e de saída. São Paulo: Loyola, 1985.

Capítulo IX

Estilos de personalidade

Introdução

Vistos os vários elementos que compõem a personalidade, examinemos agora os estilos de personalidade que se formam em nosso processo de desenvolvimento, em que vamos aprendendo a lidar com a vida e com aquilo que a ameaça. Desenvolvemos estratégias defensivas ou protetivas para o nosso eu quando ele se sente ameaçado. Em nossas dinâmicas psíquicas – que envolvem necessidades, valores e crenças –, quando nossas atitudes entram em choque entre si, isto é, quando estão em contradição, nossa mente se vale de mecanismos defensivos (defesa) que procuram adaptar o eu à realidade, mesmo que para isso precise distorcê-la, falsificá-la ou negá-la, como vimos anteriormente. Dependendo do modo como cada um usa suas estratégias, desenvolve aquilo que conhecemos como estilo de personalidade. Vamos apresentar algumas características dos diversos estilos. Convém dizer que uma pessoa pode se caracterizar por um único estilo; contudo, há outras que possuem um predominante, com traços de outros. Observe-se ainda que os estilos, embora úteis para adaptar o sujeito à realidade, criam algumas dificuldades, pois refletirão aspectos imaturos do sujeito. Podemos dizer que, quanto mais maduro é o sujeito, menos ele precisa apelar para as defesas de seu estilo e, portanto, pode lidar com a realidade de modo mais objetivo. Por outro lado, quanto mais desequilibrado o sujeito for, menos o estilo funciona para proteger o eu, isto é, não evita as manifestações patológicas. Um estilo se desenvolve ao longo dos primeiros 20 anos. Ele começa a ganhar características próprias depois da adolescência. Vamos agora descrever suscintamente cada estilo com suas características.

Obsessivo-compulsivo

A descrição dos tipos que farei será numa linguagem coloquial, evitando explicações teóricas. Vou começar por um tipo muito frequente, que na literatura psicológica é conhecido como personalidade obsessiva (compulsiva).

Quem é o sujeito com esse tipo?

É aquele visto como sujeito perfeccionista, ativista por natureza, que não se dá descanso, pois está sempre preocupado com o dever: "tenho que fazer", "devo ir"! Dificilmente sossega. Descansar causa-lhe a sensação de estar perdendo tempo. É um calculista por excelência, sempre preocupado em fazer as coisas benfeitas e não se satisfaz com os resultados que obtém.

Sua cabeça funciona acelerada, pouco espaço deixa para suas emoções; aliás, tem muita dificuldade em lidar com elas. Sempre tem uma justificativa para dar por seus comportamentos. Tem dificuldade de tomar decisão, pois se tortura com frequentes dúvidas se o que vai fazer "vai dar certo?" ou "talvez". Tendência a ser moralista, facilmente se sente culpado.

Tende a racionalizar seus sentimentos e não tem facilidade para demonstrá-los ou deixá-los aparecer como são. As emoções o deixam muito inseguro, e como seu perfeccionismo exige dele que tudo tenha explicação, fica então muito ansioso, preferindo "abafar", dizendo que não os sente ou não os tem. Usa com frequência mecanismos de defesa como a racionalização e a repressão.

Esmera-se nos detalhes para que nada fuja ao seu controle. Essa necessidade íntima o obriga a estar na ativa e a rigidez com si mesmo e suas exigências com os outros o tornam um candidato frequente ao estresse, a sofrer de enxaqueca e/ou a desenvolver úlceras nervosas.

Diante dos outros goza de certa estima, porque aparece como alguém esforçado, como uma pessoa confiável que leva seus compromissos até o fim. Por outro lado, espera que os outros o imitem na sua maneira de agir. Assim como ele cumpre as "normas", as "leis" e os "deveres", sua expectativa é de que os outros o façam também. O afeto para ele deve vir como recompensa de seus esforços. É resultado do seu fazer! Muito do que faz e como faz tem em vista a necessidade inconsciente de suprir sua carência de valorização e estima por parte dos outros, bem como sua necessidade afetiva.

No fundo, é uma pessoa com grande insegurança. Caso se pudesse conhecer bem suas origens, ir-se-ia constatar, na maioria dos casos, que na sua infância foi muito cobrada para ter "bom comportamento", para que fosse vista como "bom menino", "boa menina". O preço que pagou por isso a moldou para ser um tipo obsessivo.

Histriônico (histérico)

As pessoas que têm esse estilo de personalidade se caracterizam por uma emocionalidade exuberante. Suas emoções vivem à flor da pele. Gostam de fazer teatro, exageram nas coisas, nas expressões que usam para comunicar suas experiências. Tendem a aumentar os fatos para causar mais impressão. Atraem a atenção dos outros pela dramaticidade que imprimem ao seu modo de ser, gesticulando muito, chorando fácil, e frequentemente são "lágrimas de crocodilo". Vestem-se para chamar a atenção, preferindo cores fortes e por vezes extravagantes. Nos jornais leem as manchetes e procuram notícias que mexam com emoções.

São superficiais, contentam-se com as intuições que têm, não suportam estudar muito, detestam ficar paradas. Sentem prazer onde há agitação, onde rolam emoções, de preferência fortes. São espalhafatosas, muito carentes dos afetos dos outros e para conquistar mostram-se envolventes. Acreditam que as coisas se resolvem de modo meio mágico, sem precisar se desgastar muito. Adoram sentir-se o centro das atenções. Mostram-se "românticas" com contos apaixonados, embora tenham medo do relacionamento íntimo.

Provocam, mas, quando desafiadas, fogem. Quando agem em busca de um objetivo, se não o conseguem como querem, frustram-se e dramatizam sua dor. Fazem amizades facilmente, mas suas amizades são muito interesseiras e superficiais, pois necessitam relacionar-se bem com todo mundo e não dão conta de cultivá-las com todos. Tendem a manipular o afeto para ganhar o afeto do outro. Sonham de olhos acordados. Quando se enfurecem, fazem escândalos, pois não contêm suas emoções e as manifestam abertamente. Seu lado positivo é a facilidade de relacionar-se e alegrar o ambiente.

São pessoas indicadas para animar festas, pois, como têm facilidade para teatralizar, conseguem envolver e descontrair o ambiente. Soltam gargalhadas reboantes e gritos estridentes. Todo mundo nota sua presença, sua agitação chega antes que sua presença física. Possuem uma boa capacidade de intuição, porque, como vivem à cata de emoções novas, treinam sua sensibilidade para logo perceber onde estão as novidades. Às vezes, parecem mentirosas pelo exagero que imprimem às suas impressões, e raramente se dão contam de que distorcem a realidade. Aumentam os fatos para torná-los excitantes e assim ganham também notoriedade. São boateiras pouco aptas a guardar segredos. Quando se quer divulgar uma notícia, deve-se confidenciá-la a elas, pedindo que não espalhem. Logo o bairro todo a terá, em primeira mão, vinculada à recomendação "só contei pra você, mas não conte pra ninguém!".

Frequentemente chamam a atenção também através de "doenças" que fabricam (somatizações). Em geral, são pessoas simpáticas com quem os outros apreciam estar e ter como companhia. Não vai faltar assunto nas rodas de papo onde estão. Como são extrovertidas, resolvem o problema dos inibidos que não precisam se expor, pois o histriônico "toma conta do pedaço".

As pessoas que se caracterizam por esse estilo prestam um bom serviço onde se necessita de um pouco de fantasia para amenizar as durezas da realidade. Pode-se dizer que o mundo é construído pelos obsessivos e tornado mais ameno pelos histriônicos. O que seria do mundo sem a sua hilaridade? Como se vê, no mundo, há espaço para todos.

Ciclotímico

O indivíduo ciclotímico caracteriza-se por um estado de humor que varia entre a hilaridade e a depressão. Pode-se dizer que flutua entre esses dois estados de espírito: alegria e tristeza.

Quando está na fase boa, sua alegria é contagiante, seu otimismo vibrante, está cheio de energia, é criativo. Para ele não há limites! Tem a sensação de tudo poder e nada ser difícil a seus olhos. Tende a açambarcar tudo, iniciar vários projetos ao mesmo tempo. É capaz de virar a noite se algo o atrai. Vive num clima mágico, pensando que as coisas se resolvem só com o pensamento. Basta ter na cabeça e as coisas acontecem. Perde um pouco a noção do real. Às vezes gasta mais do que tem condições de pagar e entra em "enrascadas", isto é, assume compromissos que não pode cumprir. Facilmente agenda duas coisas para fazer ao mesmo tempo em lugares diferentes.

Nas relações com os outros, quando está de bem com a vida, é cativante, simpático, entusiasta. Contagia os outros com seu otimismo. Vive uma grandiosidade enganosa, porque feita de fantasias. Na verdade ele mente a si mesmo, imaginando poder superar a realidade exigente do dia a dia com passes de mágica. Duro é suportar o tempo todo essas fantasias! Dia mais, dia menos a realidade cobra seu preço e as magias começam a cair e o mundo muda de cor: do azul e vermelho vibrantes passa para o cinza/preto de luto e sofrimento. As coisas não andam mais do jeito que imaginou, as ilusões tomam conta dos espaços mentais e as "nuvens" se carregam, prenunciando a tempestade iminente!

Aos poucos começa abandonar aquilo que se havia proposto com tanta vontade. Começa a viver de saudades. Vai se frustrando por não dar conta de todos seus compromissos e seu estado de humor começa a baixar, o pessimismo vai tomando conta, e se deprime. Passa a impressão de que a vida é cruel com ele, que o faz sofrer injustamente. Nessa fase tudo fica complicado. Lamenta-se da vida. Do charme atraente de antes, toma lugar o ar carrancudo. Facilmente agride as pessoas com explosões de ira ou de lamentos por sentir-se abandonado e solitário. Fecha-se em seu mundo e curte um período de "fossa", ficando isolado com ar de tristeza em seu semblante. A esperança, antes tão viva dentro dele, parece apagar-se e a desilusão fica estampada em sua fronte. Já não tem mais garra para perseverar no que vinha fazendo, as coisas ficam inacabadas. Parece não se importar com as consequências e não está muito a fim de dar satisfação do que faz ou deixa de fazer.

Assim é o ciclotímico, variando de um polo a outro! Na fase otimista é empreendedor, levanta o astral de quem está a sua volta. Quando está em baixa, precisa do alento dos outros para suportar-se. Necessita que alguém lhe mostre o caminho para o outro polo e assim possa ter novo arranque, recuperar a autoestima e se entusiasmar com a vida novamente.

Passivo-agressivo

O sujeito com esse tipo de personalidade se caracteriza por parecer despretensioso, não querer nada dos outros, mas na verdade nutre um desejo grande de ser reconhecido sem ser molestado. Nos relacionamentos com os outros, sonda bem o terreno antes, é muito cauteloso. É sensível às críticas, não tolera ser desafiado: isso representa uma ameaça à sua autonomia. Tem grande necessidade de intimidade, mas teme ser ferido. Internamente sente muito medo de ser dominado, ao mesmo tempo necessita da aprovação e aceitação dos outros.

Quando frustrado, retrai-se, "amarra o burro". Protela as coisas que os outros esperam que ele faça e assim agride sem dizer palavras. Os outros se irritam com seus comportamentos aparentemente despreocupados. Vive um grande conflito, sobretudo em relação a quem tem autoridade sobre ele. No fundo quer proteção, mas detesta sentir-se controlado. Faz uma espécie de greve silenciosa, domina o outro pela pouca informação que dá a seu respeito, fala pouco. Facilmente fica de cara amarrada, dificilmente os outros sabem o que pensa, é reservado ao dar opinião.

Quando contrariado, se fecha e mostra-se teimoso, não coopera nos projetos alheios. Sente prazer quando percebe que os outros se incomodam com ele. Esse jeito de ser provavelmente tem suas raízes plantadas já na infância. Em geral, indivíduos assim sofreram, quando pequenos, nas mãos de pais que não permitiam que manifestassem com liberdade seus sentimentos, sobretudo a raiva. Por isso, aprenderam a manifestá-la de forma camuflada, através de sua passividade, guardando tudo dentro de si, reprimindo. Vê o mundo como hostil, diante do qual se sente injustiçado. Quem convive com eles tem vontade de dar-lhes um chacoalhão para ver se acordam, se manifestam ânimo pelas coisas, pois parecem não se importar com nada. Sua postura de indiferença leva as pessoas a se afastarem, e isso eles interpretam como rejeição. Costumam não se posicionar diante das situações, não dizem nem sim nem não. Mostram-se relaxados até mesmo nos cuidados pessoais. No fundo sofrem de um vazio afetivo grande. Não sabem como consegui-lo, por isso tendem a afastar-se dos demais, vivendo meio solitários. Fazem as coisas à sua maneira, pois aceitar as regras é visto como inibição de sua liberdade de ação. Sua raiva, eles a expressam indiretamente em forma de desprazer, não se conformando com o estabelecido. No fundo desejam ser autossuficientes, mas precisam da ajuda dos outros para atingir seus objetivos. Gostariam de estar vinculados a outras pessoas, mas não se dispõem a pagar o preço de sentirem-se dominados. Isso seria intolerável.

Indivíduos assim teriam possibilidades de viver melhor suas relações se fossem capazes de botar para fora suas frustrações de forma adequada. Autorrevelarem-se com mais naturalidade os ajudaria na convivência com os demais e eles se sentiriam mais integrados, permitindo-lhes viver melhor qualidade de vida e menos estresse.

Paranoide

Os indivíduos com esse tipo de personalidade são extremamente desconfiados. Suspeitam facilmente que as pessoas tenham algo contra eles, por isso são muito vigilantes e atentos. Ao menor aceno, logo imaginam que podem estar falando mal deles. São frios nas relações, pois temem ser traídos ou pegos desprevenidos. Não conseguem manifestar seus verdadeiros sentimentos, pois os reprimem fortemente, porque para eles poderia ser demonstração de fraqueza, e longe deles tal ideia! Ficam sempre na defensiva, raramente aceitam que possam ter sido os autores de alguma coisa errada que tenha ocorrido; a culpa é sempre dos outros, mesmo quando reconhecem que participaram do erro. Temem ser enganados. São muito críticos e, em geral, também cínicos. Atacam os outros usando outras pessoas. São vingativos. Sua agressividade é indireta, mas poderosa, atingindo os alvos sem dar muita chance para réplica.

Derrubam os outros pela frieza e indiferença. Num grupo, tendem a capturar alguns mais fracos como aliados e os protegem enquanto lhes são úteis. Basta que alguém cometa um deslize para serem execrados e humilhados publicamente.

Preocupam-se em não serem surpreendidos, com isso acabam por desenvolver uma habilidade muito grande em perceber os pontos fracos dos outros. Quando atacam, são certeiros, pegam um ponto fraco da sua vítima e exageram, dando a impressão de que estão com a razão. Dificilmente argumentam com fatos, falam genericamente e com agudeza de raciocínio. Para os menos avisados, deixam sem saída, mesmo que tenham razão, pois, se não percebem as elucubrações, ficam sem argumento.

Dificilmente estão em paz. Precisam estar brigando com alguém para descarregar a agressividade reprimida.

Desenvolvem esse estilo, em geral, porque em sua infância foram muito punidos e controlados pelos pais e tiveram que pagar caro pelo pouco afeto que recebiam. Foram expostos ao ridículo e humilhados, impedidos de desenvolver relações espontâneas e livres.

Sentiram-se muito sós, desprotegidos, contra as ameaças ao seu eu em formação. Toda a raiva e mágoa que guardaram, agora, como adultos, soltam sobre suas vítimas. Por isso, mal terminam uma guerra com uma pessoa ou grupo e já iniciam outra com alguém. São indivíduos que se dão bem na argumentação; num grupo, facilmente são porta-vozes das reivindicações, porém sob seu prisma. Manifestam suas ideias como se fossem as do grupo e tentam convencer que todos pensam assim como eles estão se manifestando. Quando se casam, tendem a ser rígidos com os filhos e dominadores com esposas ou maridos. Entram facilmente em conflito com os vizinhos, são intolerantes e pouco amigáveis. Zelosos ao extremo com seus direitos, mas pouco corteses com os direitos dos outros. Dão-se bem na profissão de advogados e na política, pela facilidade de argumentação.

Narcisista

O indivíduo caracterizado por este tipo é autocentrado. O mundo tem que girar ao redor de seu umbigo. Sofre da mania de grandeza e onipotência.

À primeira impressão, causa um impacto de simpatia, pois parece ser gentil e comunicativo. Não é preciso muito tempo, porém, para logo se perceber que se trata de um chato, que conta vantagem de si frequentemente, com menosprezo pelos outros. Intromete-se na conversa alheia, interrompendo as narrativas de outrem para introduzir a sua como mais significativa. Mostra-se muito contraditório, sem se dar conta. Muda de opinião quando vê que outra lhe favorece para aparecer como melhor e maior. Sua grande necessidade inconsciente é de ser percebido como alguém que se sobressai, pois é tomado por um sentimento de inferioridade que ignora, escondendo-se atrás de um ar de superioridade. Se alguém conta que apanhou um peixe de determinado tamanho, o que ele pescou era muito maior e fisgado com mais facilidade. Gosta de fazer estardalhaço de suas façanhas e, se preciso, mente para ficar na berlinda. Quando frustrado, dificilmente suporta a frustração, retirando-se e assumindo o papel da vítima, vendo-se como injustiçado e falando mal de quem lhe causou a frustração. Quando bajulado, é capaz de sacrificar-se para manter a bajulação.

Abre mão de direitos, desde que lhe garantam o prestígio e a sensação de poder. Mostra desprezo por quem não lhe dá apreço. Olha como se fosse um zé-ninguém. Às vezes, faz-se de coitadinho, desde que isso soe para ele como vantagem de sua grandeza. Tende a esconder e a negar seus verdadeiros sentimentos, por temer que pareçam sinais de fraqueza e deponham contra sua pretensão de pessoa segura e importante. Seu discurso é centrado no pronome "eu".

Rouba os pensamentos dos outros e os apresenta como seus originais. Gosta de se cercar das pessoas que exercem função de poder, pois junto com elas imagina-se também poderoso. Diz ser amigo de pessoas influentes e de prestígio. Adora sair em fotografias com destaque. Se pudesse, seria sempre capa de revista. Tem um sentido de "eu grandioso", mente para si mesmo, para manter sua ostentação.

Vangloria-se de feitos dos outros como se ele fosse o protagonista. Gaba-se das várias amizades que tem, quando na verdade não tem nenhum amigo verdadeiro com quem é capaz de ser confidente. Presta-se a ser guru quando procurado, permitindo que outros se abram com ele, mas dele mesmo pouco saberão a respeito. Aliás, tem pouca capacidade de empatia e compaixão. Quando parece compadecido, é na verdade fingido. Alguns autores afirmam que essas pessoas sofrem da incapacidade de amar verdadeiramente. Talvez porque nunca se tenham sentido amadas pelo que eram. Para receber afeto, tiveram que se treinar no faz de conta.

Nas suas origens, são marcadas pelo desprezo e desamor. Agora, como adultos, buscam gratificar-se, escondendo-se atrás de uma falsa aparência de onipotência e de autossuficiência. Pode-se dizer: porque foram mal-amados, agora não sabem amar! Não aprenderam a receber gratuitamente, agora não sabem se dar! Sofrem para manter uma aparência de autossuficientes, quando na verdade estão doidinhos por um colo! Adoram sentir-se grandes para suportar o peso de sua pequenez. Mal-amados e maus amantes!

Evitativo

Como o próprio nome já diz, a característica principal desse indivíduo é a de evitar todas as situações que perceba como ameaçadoras. Assim, é muito desconfiado com relação às pessoas e coisas, ficando muito "atrás da moita", com medo de se expor e sentir-se rejeitado.

Julga-se ignorante e com pouca inteligência. Evita situações em que necessite se envolver, pois teme muito ser ridicularizado ou desprezado. O sentimento de rejeição está muito à tona em sua vida; qualquer sinal de desatenção dos outros em relação a si é interpretado como rejeição.

Dificilmente dá sua opinião, pois parte do pressuposto de que as pessoas não vão lhe dar importância e, ademais, as dos outros são melhores que a sua; então, por que se manifestar? Leva a vida de forma pacata, luta apenas para sobreviver, evita enquanto possível situações que lhe causem constrangimento. Vai levando a vida do jeito que dá, não tem projetos ambiciosos para o futuro, sua ambição é muito retraída.

Na relação com os outros tem um desejo forte de estar próximo, mas o medo de não corresponder às expectativas alheias o afastam da convivência espontânea e descontraída. Sente-se facilmente magoado por críticas ou desaprovações; não possui amigos íntimos ou confidentes, e às vezes os têm desde que sejam parentes de primeiro grau. Reluta bastante em participar ou se envolver com pessoas, a menos que esteja certo de que é estimado por elas; evita atividades sociais ou profissionais que envolvam contato interpessoal significativo.

Tem muito medo de ser inadequado ou tolo, sente-se muito mal se não sabe responder uma pergunta que lhe façam. Tende a exagerar as dificuldades quando envolvem algum risco. Prefere ficar na rotina de cada dia, por isso não é muito dado à inovação. Suas iniciativas são tímidas. Tem uma autocrítica acentuada, são frequentes as ideias de si como: "Eu não sou atraente", "Eu não me enquadro", "Não tenho jeito", "Sou mesmo um tolo, um fracasso".

Tem uma preocupação muito grande em relação ao que as pessoas vão pensar dele. Se eventualmente alguém o julga negativamente, conclui que a crítica é verdadeira, sem antes avaliar a objetividade dos fatos. Quando estabelece uma relação positiva com alguém, para mantê-la, é capaz de abrir mão de suas convicções, de suas opiniões, pois tem medo de desagradar e, com isso, perder a estima do outro. Teme mostrar-se como realmente é, porque imagina que, se as pessoas o conhecessem verdadeiramente, elas deixariam de gostar dele.

É perigoso para ele permitir que as pessoas se aproximem muito, pois poderiam descobri-lo como inferior, e isso o deixaria em grande desconforto emocional. Se o outro emite um parecer favorável a ele, em sua cabeça passa a ideia de que deve ter enganado o outro. Pensa que, se o outro o descobrisse realmente como é, não gostaria dele e acabaria achando que de fato "eu não sou muito legal", e o abandono seria quase certo. Sendo assim, "é melhor ficar na minha! Para que tentar, se vou fracassar mesmo... melhor desistir antes. Assim não preciso passar pela humilhação diante dos outros". A grande luta do evitativo é como safar-se de situações que lhe causem ansiedades e tensões, e isso custa muito suor e desperdício de suas energias psíquicas.

Esquizoide

A própria palavra já diz, de alguma maneira, uma das características básicas desse tipo de indivíduo: aparece diante dos outros como alguém um pouco esquisito! Isto é, não se envolve muito com os outros, parece não ter afetos. Prefere se isolar e fazer as coisas sozinho. É visto como retraído, isolado, tímido, parece fechado sobre si mesmo.

A área afetiva é muita contida, passando a impressão de que não tem ou não experimenta emoções nem positivas nem negativas. É incapaz de reconhecer emoções sutis, tanto em si como nos outros. Daí que, às vezes, parece indiferente. A vida para ele parece sem graça.

Nas escolhas de atividades prefere tarefas solitárias, que exijam um mínimo de contato com outras pessoas. Ele pode ser até criativo naquilo que faz, mas isso acontece sem interesse por reconhecimento social. Em geral tende a fazer tarefas que estão abaixo de sua capacidade real. Sente-se indiferente aos elogios ou críticas, não se importa com isso. Dificilmente tem amigo íntimo, a não ser algum parente muito próximo. É arredio a manifestações afetivas, raramente retribui gestos ou expressões faciais como sorrisos. Podemos dizer que ele tem uma grande dificuldade de experimentar afetos. Vê a si mesmo como solitário e autossuficiente. É percebido pelos outros como insensível, sem humor, e isso acaba por predispor as pessoas a tratá-lo também com indiferença.

Na área cognitiva, seu modo de pensar é caracterizado por pensamentos vagos, pobres; parece não perceber os detalhes sutis da vida. Em outras palavras, não consegue participar do vaivém emocional próprio das pessoas consideradas psicologicamente normais. A sensação que se tem é de que ele não tem sentimentos. É monótono no modo de falar. Quando tenta algum relacionamento mais próximo com alguém, em geral fracassa devido a sua falta de treino e de experiência; isso contribui ainda mais para ficar no seu ninho, recluso, só. Podem-se resumir alguns de seus traços de personalidade com frases do tipo: "Não importa o que pensem de mim, para mim o importante é ser livre e independente dos outros", "Gosto de fazer minhas coisas sozinho".

Por essas características descritas, pode-se notar que, quando se casa, seu relacionamento com a(o) esposa(o) será frio, de pouca carga emocional calorosa; quando tem filhos, não sabe como demonstrar afeto por eles. Não considera importante, pois seria para ele como viver sufocado pelos outros, e isso não faz parte de seu estilo de vida. Os outros podem até ser importantes, desde que não exijam envolvimento.

E assim esse tipo passa pela vida e parece não vivê-la. Torna-se um espectador isolado dentro de um mundo para ele sem encantos e sem graça.

Dependente

A própria palavra já define o tipo dependente em sua característica básica: a dependência dos outros. Ele se submete aos outros com muita facilidade, a fim de garantir para si proteção, apoio e segurança. Abre mão de convicções pessoais e de interesses maiores, quando isso significa a certeza de que está protegido por alguém. Deixa que outras pessoas tomem as decisões por ele. É incapaz ou não se dispõe a tomar decisões cotidianas, a menos que tenha certeza de contar com a cobertura de alguém que lhe dê sustentação.

Tem dificuldade em iniciar projetos ou ter ideias próprias. Sente-se muito desconfortável quando se vê só e tem verdadeiro pavor diante da possibilidade de ser abandonado. Em seus relacionamentos afetivos, apega-se aos outros como "grude", é "pegajoso", mantém relações do tipo simbióticas.

Como parasita em árvores, necessita dos outros para sobreviver; sem eles teme não dar conta da vida. Desenvolve uma sensibilidade muito grande diante de sinais de desatenção. Sente-se arrasado e desamparado com o término de relações íntimas consideradas por ele como importantes.

Tende a preocupar-se temerosamente com ser esquecido. Qualquer desaprovação é motivo para ficar ferido e magoado. Não mede esforços para sensibilizar os outros para que gostem dele. Teme tanto a rejeição que concorda com os outros, mesmo que perceba que estão errados. Falta-lhe autoconfiança, por isso se autopercebe como inepto e com poucas capacidades. Esse indivíduo pouco progride na vida, porque joga a responsabilidade pelo próprio futuro nos outros.

Gasta suas energias psíquicas na busca de segurança e seus esforços se concentram em preservar o apego e afeto dos outros. Por isso não faz questão das próprias convicções e não se importa em reconhecer que as dos outros são sempre melhores que as suas. Adere a elas com facilidade, se as avalia como vantajosas para sua dependência. Prefere aliar-se aos projetos alheios e contar com a segurança que outros lhe dão, a correr o risco de lutar por conquistas pessoais.

Sua filosofia de vida poderia ser resumida assim: "Eu sou fraco e carente. Preciso de alguém em volta de mim que esteja disponível a todo momento para ajudar-me a fazer o que tenho que fazer, ou no caso de acontecer alguma coisa de ruim. Eu preciso que os outros me ajudem a tomar decisões ou me digam o que fazer, pois a pior coisa do mundo é ser abandonado. Eu nem posso pensar nessa ideia, que já me dá medo e arrepio".

O dependente vive a expectativa de que, como quando nasceu, com direito à proteção de uma mãe e de um pai, assim deve conservar-se durante a vida toda. Ter uma mãe ou um pai permanente é condição para sobreviver!

Antissocial

O sujeito marcado por esse estilo é avesso às convenções sociais. Em seu modo de pensar, é versátil para justificar suas atitudes exacerbadas e até violentas. Pensa que seus argumentos devem ser aceitos pelos outros sem contestações, pois se julga no direito de fazer o que lhe der na cabeça. Às vezes, mostra-se simpático e afável, embora sutilmente cínico e irônico. Considera a vida um jogo que não precisa ser levado a sério. É bom com seus amigos, mas se torna hostil se contrariado. Quando seus interesses contam, mostra-se simpático para cativar o outro, mas dificilmente tem manifestações de afeto leal e despretensioso.

Se autopercebe como pessoa esperta que sabe ludibriar os outros com os quais não tem compromisso de manter a ordem das coisas. Sabe se virar nos momentos de apuro, porque as leis para ele valem pouco. Se precisar, pode violá-las sem muita cerimônia. Para isso é hábil. Seus comportamentos são marcados pela beligerância, impulsividade, gosto pelo risco. Frequentemente corre da polícia, pois suas condutas antissociais o tornam um freguês de delegacias. Em sua história de vida com facilidade se encontram experiências de maus-tratos desde a infância. Daí sua agressividade manifestar-se em comportamentos destrutivos.

Conclusão

Os estilos de personalidade conforme descritos são elaborações de estratégias que cada um desenvolve para lidar com as coisas da vida. Pode haver variações, mas, no fundo, nos enquadramos em algum deles. Podemos dizer que eles poderiam ser como que "ritos de passagem", isto é, caminhos até se chegar à maturidade. Contudo, muitos não conseguem desvincular-se deles, porque representam suas seguranças, ou melhor, precisam deles para sobreviver. A pessoa madura pode conservar aspectos do seu estilo, porém não necessita de suas defesas, porque sabe lidar com a vida como ela é, sem subterfúgios e de modo mais realista.

Pode-se afirmar que, quanto mais imatura é a pessoa, mais ela precisa de um estilo para se adaptar à realidade; por outro lado, quanto mais madura ela é, menos precisa do estilo, porque aceita a realidade objetivamente e sabe conviver com seus dons e limites sem precisar lamentar-se da vida.

Pode-se dizer também que, quanto mais desequilibrada é uma pessoa, menos o estilo garante para ela adaptação à realidade; por isso, se esconde desta em suas fantasias e delírios, vivendo num mundo à parte!

Capítulo X

Considerações sobre a experiência de fé [1]

Nesta parte vamos refletir sobre alguns aspectos da experiência da fé. Para isso tomemos dois textos bíblicos e os analisemos como modelos para iluminar a experiência de cada um em relação a suas vivências religiosas.

Processo para crescimento na fé

Para examinar o processo de crescimento na fé, vamos tomar como paradigma (modelo) dois textos do evangelho. A mulher samaritana (Jo 4,1-42) e os discípulos de Emaús (Lc 24,13-35).

No primeiro texto vamos examinar o passo a passo do encontro da mulher samaritana com Jesus e as transformações que vão ocorrendo. Até chegar à descoberta de que Jesus é o Messias e as consequências que daí decorrem.

Iniciemos pelo texto sobre a mulher samaritana.

---

[1] As reflexões aqui propostas são inspiradas em Flávio Marchesini, em *Ouro testado no fogo*, publicado pela Editora Paulinas, com modificações introduzidas por mim.

Parte A

Ler o texto Jo 4,1-42 (samaritana).

Introdução: O encontro de Jesus e a samaritana pode ser visto como um verdadeiro processo de crescimento na fé. Para se chegar a uma fé amadurecida e convicta, é preciso purificar a mente e coração de intrigas, preconceitos, olhar para a própria realidade de vida e reconhecer as infidelidades, redescobrir o sentido da fé, até aderir plenamente a Jesus. É um processo que vai acontecendo aos poucos, até se chegar à plena convicção.

Olhando para o texto de João, vamos percorrê-lo por partes, analisando seu desenrolar.

1) Lugar do encontro – Poço de Jacó. O lugar do encontro entre Jesus e a samaritana (4,1-6) é junto ao Poço de Jacó. Aí é lugar de muitas lembranças, cheio de significados simbólicos. Poço dado pelo pai Jacó, onde ele, seus filhos e seus animais bebiam água. Ao redor do poço existe toda uma tradição que marcou a história dos samaritanos. É um lugar "sagrado", porque guarda a história dos antepassados.

Ali é lugar onde há água, tão necessária à vida. É ali que diariamente as pessoas vão buscá-la, que os pastores levam seus rebanhos para beber. Por ali passam viajantes, caravanas. Ali sempre tem água fresca. Esse poço tem história, é memória dos antepassados, lugar de renovar energias, de fazer descobertas, de saciar-se.

2) Primeiro contato – Jesus e a samaritana chegam ao poço "por volta do meio-dia". Hora da plena luz. Ali há um poço que jorra água para utilização diária das pessoas. Ali há um Outro poço que tem água viva; quem a bebe não terá mais sede.

Dois personagens se encontram. De um lado, Jesus está de passagem, vindo da Judeia em direção à Galileia, em plena atividade missionária; cansado da viagem, com sede, para junto ao poço de Jacó. Do outro lado, uma samaritana, mulher "impura", pecadora, semipagã, desnorteada, cansada de ir todo dia buscar água. Tem balde, corda, água e poço (trabalho de todos os dias), mas está infeliz com a vida que leva.

Início de conversa. Jesus toma a iniciativa e pede água à mulher. Começa com uma necessidade bem concreta: água em dois sentidos. Concreto e simbólico. A mulher entende o primeiro, água, água. Ela interpreta o pedido de Jesus dentro do esquema a que está acostumada, o das preocupações cotidianas. Logo aparece o primeiro problema: intrigas entre judeus e samaritanos.

Há uma tensão entre os dois. A samaritana faz surgir o primeiro conflito. "Tu, Judeu, pedes água a mim, samaritana?" (Há intrigas a serem resolvidas!) Essa intriga vem de longe, nem Jesus nem a samaritana foram responsáveis pelo seu início; isso se vem arrastando há muito tempo. A samaritana se lembra logo disso. Certamente essa desavença entre judeus e samaritanos era lembrada toda vez que estes se encontravam. Cada um quer ter razão, um fala mal do outro. Isso envolve problemas de relações de vizinhança, questões religiosas, entre outras discussões. Jesus não se interessa por essa briga antiga; seu objetivo é outro. Não fica discutindo para ver quem estava certo ou errado. Em vez disso, dá outro rumo ao assunto: quer falar de outra água que a samaritana ainda não conhece. A samaritana se prende ao sentido ordinário. Jesus lhe propõe um outro tipo de água! Diz à samaritana que ele possui uma água que, quem a bebe, não sente mais sede. Isso começa a interessar a samaritana, porque ia resolver um problema do seu cotidiano: buscar água no poço. Vê na proposta de Jesus uma chance de encerrar aquele trabalho cansativo de buscar água diariamente. A partir daí o assunto passa a interessá-la, ela começa a esquecer a intriga entre judeus e samaritanos.

Água e trabalho são até aqui o conteúdo da conversa. A samaritana revela suas mágoas: "Senhor, dá-me dessa água para que eu não tenha que vir aqui tirar água" (v. 15).

A vida, para ela, reduz-se a trabalho e cansaço, a mesmice de todos os dias. Está cansada dessa vida que leva.

3) O diálogo atinge um ponto crítico – A conversa em torno do marido, da família (4,16-18). Jesus, percebendo o interesse da mulher por sua proposta de uma água diferente, rompe a frieza e agressividade do diálogo, através de outro assunto: "Vai buscar teu marido". É o mundo da família, dos afetos, das relações. No início a negação: "Não tenho marido!". Não tem esperança de encontrar um marido que a ame de verdade.

Jesus lhe diz: "Tens razão em dizer... pois tiveste cinco e o que agora tens, também não é o teu marido!". Quem será o sétimo, o verdadeiro, que a ama de verdade? (E o sétimo = Jesus.) Jesus oferece um novo tipo de relacionamento que possa sarar as antigas relações e renovar a esperança. Essa mulher está marcada pelas decepções da vida amorosa, está sem futuro, não tem filhos, a vida está vazia. Não encontrou ainda seu bem-amado. Esse é um problema que atinge muitas pessoas: a solidão, o sentir-se sozinho, não ter com quem compartilhar a vida, os próprios sentimentos, as angústias diante do futuro. As tentativas fracassadas pesam sobre a visão do futuro. Restam a depressão e o lamento de que a vida foi injusta e não lhe trouxe felicidade. Perdeu-se o horizonte e a vida se reduziu a uma rotina cansativa e sem sentido. "Todo mundo cresce na vida e eu não, a vida virou uma chatice"; "Todos me condenam, ninguém me estende a mão"; "Estou comendo o pão que o diabo amassou!"; "Ninguém me ama, é só interesse". Essas são queixas de muitas pessoas que perderam o rumo da vida e se fecharam em suas frustrações e decepções. Não experimentaram o verdadeiro amor!

4) Nova questão: Onde se deve adorar a Deus? (4,19-24) – Atingida em suas feridas afetivas, a samaritana começa a abrir-se à nova esperança: "Senhor, vejo que és profeta". Os preconceitos de raça (samaritanos x judeus) e sexo (homem x mulher, você judeu, eu samaritana), os problemas de ordem pessoal começam a ceder lugar para outro tipo de relacionamento.

Ela começa a se sentir aceita e tem confiança para expor uma dúvida. Entre samaritanos e judeus há uma questão religiosa que também os separa. Onde se encontra o Deus verdadeiro, onde adorá-lo? Sobre qual monte? Em Jerusalém ou em Garizim? Qual a religião certa? Quem é o melhor, quem é o mais importante?

Jesus aceita o diálogo e relativiza o lugar de culto. Nem lá nem cá. "Chegará o tempo em que se adorará 'em espírito e em verdade'" (é obra do Espírito). Aqui a conversa evolui para um outro nível, uma fé que começa a ser entendida em maior profundidade e a melhorar o astral da samaritana, sua autoestima! Passa a confiar em alguém que a considera e se põe no seu nível para elevá-la. As preocupações iniciais começam a ficar em segundo plano (água, balde... judeu, samaritano, marido).

5) O momento decisivo: "O Messias sou eu, que falo contigo" (4,25-26) – A conversa muda de tom e se volta para a esperança messiânica: "Sei que, quando o Messias chegar, explicará tudo". Os samaritanos esperavam um novo Moisés. Falar de Messias é falar de futuro, de esperanças... Jesus responde a essa expectativa e se revela: "Sou eu, que falo contigo". A mulher se surpreende com essa revelação e isso desencadeia dentro dela uma nova perspectiva para a vida; e se encanta com Jesus, o novo amor de sua vida, o verdadeiro marido que a ama sem preconceitos! Jesus deixa que ela seja ela mesma, não impõe nada, apenas a ajuda a sair de seu mundo pequeno e fechado. Jesus parte da realidade dela para auxiliá-la a dar passos que rompem com os círculos viciosos, em que a vida estava fechada num horizonte de preocupações de sobrevivência (buscar água) e bem-estar afetivo. Essas coisas ganharão novo sentido ao desapegar-se delas. Por fim, até o "balde" é esquecido!

6) A conversa com Jesus muda o rumo da vida da samaritana (4,27-38) – Os discípulos tinham ido comprar alimento ("pão"). Ao voltar, encontram Jesus falando com uma mulher; veem, mas nada dizem. Parecem estar com os mesmos problemas da samaritana, cheios de preconceitos; veem Jesus falando com uma "mulher" e ficam com medo de perguntar diretamente a ele.

Eles também pensam em alimento terreno, e não em outra fome. Jesus aproveita para revelar a outra fome que precisa ser saciada.

A samaritana estava preocupada com a "água" e os discípulos, com pão (comprar alimento). Jesus lhes revela que há um outro alimento a ser servido: "Fazer a vontade do Pai". Jesus, em vez de chamar a atenção deles, faz com que observem a realidade (a seara está madura para a colheita!) e os estimula a chegar a novas conclusões.

O impacto causado pelo encontro com Jesus muda o rumo da vida da samaritana. Ela retorna para sua aldeia, sem água, sem cântaro! Não precisa mais da água do poço de Jacó (antiga lei); havia encontrado a fonte que jorra para a vida viva. Havia feito a experiência dentro de si de uma outra água. Um novo jeito de viver mais livre, mais sadio. Chegando à aldeia, anuncia Jesus: "Venham ver um homem que me disse tudo o que tenho feito. Será ele o Messias?". Jesus consegue provocar nela uma pergunta nova: "Não será ele o Messias?". Jesus não dá resposta, suscita a pergunta que leva a pessoa a refletir sobre o sentido da vida e a se decidir. Jesus não se impôs nem condenou a mulher; respeitou-a profundamente, ajudou-a a olhar para a vida de um jeito novo.

No encontro de Jesus com a samaritana, esta fez a experiência da "salvação que entrou na casa dela". Jesus foi o esposo que até então ela não tinha encontrado. Demonstrou verdadeiramente que a amava.

7) O término do encontro: os samaritanos aderem a Jesus (4,39-42) – O episódio termina mostrando a conversão dos samaritanos e a acolhida de Jesus no meio deles. O testemunho da samaritana convertida leva outros samaritanos a Jesus, e ouvindo sua Palavra se convertem, tornam-se eles também discípulos-testemunhas.

O caminho percorrido pela samaritana em sua conversão foi: reencontrar, experimentar, partilhar, testemunhar, caminhar com Jesus. A fé, como nova plenitude de vida, de relações, de sentido, de integração, se torna contagiosa.

"Nós mesmos escutamos e sabemos que este é realmente o 'Salvador do mundo'."

a) Textos bíblicos para meditação

Sl 85(84): "Mostra teu amor... fizeste retornar os cativos de Jacó".
Jo 7,37-39: "se alguém tem sede, venha a mim e beba".
Is 55,1: "todos que estais com sede, vinde para as águas".
Is 35,7: "A terra sedenta se mudará em lago...".
Is 12,3: "com alegria tereis água das fontes da salvação".
Sl 42(41),3: "Tenho sede de Deus, do Deus vivo".
Sl 63(62),2: "Minha alma tem sede de ti".

b) Questões para refletir

1. Olhando o processo de conversão da samaritana, você identifica no encontro dela com Jesus algo que se pareça com sua experiência de fé?

2. Para compreender o sentido da "água que Jesus queria oferecer à samaritana", ela precisou superar alguns conflitos: intrigas (judeus x samaritanos), questões religiosas (Garizin ou Jerusalém), problemas de relações familiares ("não tenho marido!"), até perceber Jesus como profeta e depois reconhecê-lo como Messias. O que vem atrapalhando seu crescimento na fé? Em que nível estão suas dificuldades: conflitos com pessoas? Preconceitos religiosos? Problemas familiares? Outros?

3. Olhando o exemplo da samaritana, dá para entender qual é sua missão como cristão?

c) Oração

Jesus, fonte de água viva, ajuda-nos a nos aproximarmos desta fonte que és tu. Dá-nos discernimento para olhar além das nossas necessidades primeiras e entender o significado mais profundo do cotidiano de nossa vida. Que tua

Palavra toque nosso coração, muitas vezes amargurado e cheio de intrigas, preconceitos, com relações conturbadas com as pessoas que nos cercam. Assim, nosso testemunho é fraco e não convence ninguém. Purifica nossa mente e coração para que estejamos abertos para reconhecê-lo como Profeta e Messias que nos veio resgatar de nosso vazio, e nos preencha com essa água viva que és tu. Inunda nosso ser com tua força, para que possamos dizer com alegria: "hoje a salvação entrou em minha casa". Amém.

Parte B

Aprofundamento da fé: refletindo sobre os discípulos de Emaús.

Ler o texto Lc 24,13-35.

Introdução: A experiência da salvação ocorre nos momentos difíceis. Quando tudo parece fracassar, ali é o lugar propício de ela acontecer. Enquanto nos julgamos salvos, autossuficientes, ou esperamos a salvação a nossa maneira, ela em geral não acontece. É no limite humano que Deus revela sua bondade e misericórdia salvadora. A salvação é dom gratuito de Deus, é graça. Ela nos alcança quando todo o resto parece ter fracassado. Contudo, é preciso reconhecer que se tem necessidade dela e abrir o coração para acolhê-la. No relato dos discípulos de Emaús, os termos "caminhar/caminho" aparecem no início, no meio e no fim (vv. 13, 15, 17, 28, 32 e 35). Cléofas e o companheiro ainda não se reconhecem como "adeptos do Caminho" (At 9,2; 18,25-26; 19,9.23; 22,4; 24,14.22). Precisam percorrer o caminho de volta, lidando com suas frustrações numa visão fechada diante dos acontecimentos, sem perceber o que realmente havia acontecido. Suas posturas rígidas não os permitem ver os acontecimentos sob outra ótica. Fechados em suas interpretações, têm como resultado o círculo vicioso de sua autossuficiência e a mesmice da vida: voltar para o cotidiano sem esperança.

1) A volta para casa depois de uma ida fracassada – O Evangelho de Lucas, ao narrar o episódio dos discípulos de Emaús, traça um verdadeiro roteiro para o aprofundamento da fé.

Os dois discípulos caminham de volta para casa. Saem de Jerusalém em direção a Emaús. Os dois seguem comentando os fatos que viram. Estão tão impressionados pelos acontecimentos que não conseguem se desligar deles, ainda que nada entendam. São capazes de recordar o que tinha acontecido, mas não de ver além. Em suas mentes há muitas interrogações, desilusões, frustrações. Tinham alimentado esperanças e agora tudo voltava à estaca zero. Vale a pena esperar? De que adiantam as orações feitas no Templo? De que valeram as ofertas? Tudo voltou à mesmice de sempre. Emaús, Emaús, Emaús... A vida deles se resigna a voltar para casa e tocar a vida de sempre. "Nós esperávamos! Mas já faz três dias e nada aconteceu!"

É na hora em que tudo parece ter voltado à estaca zero que começa uma nova história!

2) São alcançados no caminho... – Os dois discípulos estão voltando para casa e de repente alguém os alcança e começa um diálogo com eles. Não há apresentações recíprocas. Para os dois é um desconhecido, forasteiro, que parece desligado das notícias. Parece estar por fora de tudo. Caminham juntos no ritmo que vinham tendo antes e a conversa se prolonga. Jesus caminha com eles, mas eles não o reconhecem. Contudo, não se opõem a que viaje com eles, aceitam sua companhia.

Estavam tão ocupados com suas frustrações que não conseguem enxergar além. Até que perguntas intrigantes despertam suas mentes e eles começam a reagir. "De que andais falando pelo caminho e por que estais tristes?" Duas perguntas que tocam a mente e o coração. Apontam para a *razão* e para a *emoção* deles. De que falam pelo caminho que não entendem!? Falam dos acontecimentos e os mesmos não se explicam, não respondem a seus questionamentos interiores: "Nós esperávamos que fosse ele o Messias, mas...". As explicações de que dispõem não arrancam suas tristezas. Estão tristes, não sabem em quem mais esperar. O tempo passa e nada! Já faz três dias! Tudo parece em vão. "Cadê a resposta que esperávamos?" Os discípulos parecem perguntar: "Quem pode nos explicar isso? Quem pode nos devolver a esperança? Adianta ainda ter fé?". Jesus entra na vida dos dois, como entra em nossa vida a partir de nossa realidade. Ali onde nos encontramos, ali no momento de dor, de tristeza. Ele entra no desânimo dos discípulos, em seu vazio. Não é alguém que chega e já vai ditando normas, fazendo sermões. Ele se solidariza, toca na dor dos dois e permite que digam o que os incomoda, qual o motivo de sua tristeza.

Eles reagem: "Eles pararam com o rosto sombrio". A primeira reação é uma resposta não verbal. O rosto fala antes das palavras. "És tu o único peregrino em Jerusalém que não sabe o que nela aconteceu nestes dias?" (v. 18). Cléofas reage fazendo perguntas. Fala com tom um pouco agressivo: "Como? Você é o único desligado dos fatos, parece que não vive em nosso mundo, tá por fora, parece alienado. Não sabe o que aconteceu em Jerusalém?". Para responder precisam tirar os olhos do chão e olhar no rosto do forasteiro. Começam a pôr para fora sua dor, sua decepção, sua frustração. Alguém os ouve com atenção. Começam a sair um pouco de seu mundinho. A história de Jesus faz parte da história deles, e eles não percebem. Ao contar a sua história, os discípulos recordam a história de Jesus. E a história de Jesus vai iluminar a história dos discípulos. A atitude de Jesus é serena. Não se assusta nem se irrita com as provocações mal-humoradas de Cléofas e lhe dá chance de se explicar melhor: "O que foi?" (v. 19). Provoca nos discípulos um esclarecimento, permite que deem sua versão para os fatos que tanto os incomoda. O coração dos discípulos começa a arder e eles não se dão conta. Relembram o que aconteceu contando "o que aconteceu a Jesus de Nazaré" (v. 19). Jesus vai transformar a história pessoal em história da salvação!

3) Examinando a pedagogia usada por Jesus – No início, para os dois discípulos de Emaús Jesus é somente um peregrino estrangeiro que volta para casa depois de ter ido à Jerusalém para celebrar a Páscoa. Eles são lentos para perceber que se tratava de alguém que tinha uma presença um tanto diferente. No Evangelho de Lucas, o tema dos olhos vedados, da incapacidade de ver e de compreender, é uma característica dos discípulos, em particular diante dos anúncios da Paixão (Lc 9,45; 18,34). O motivo da cegueira é a falta de fé. De fato, acreditam "ver", mas não conseguem ir além das aparências para reconhecer o essencial. Hoje, como ontem, precisamos de um longo caminho para que olhos e coração consigam abrir-se à fé.

Jesus, compadecido pela situação meio caótica dos discípulos, pergunta pelos motivos do desânimo, de sua tristeza, da falta de esperança. "O Ressuscitado continua a ser médico, a saber, quem são os que precisam dele e quando e como colocar bálsamo nas feridas para aliviar a dor e para curá-las."[2] Jesus não entra na vida de ninguém como um intruso, com violência, com pressa. Sua aproximação é cautelosa, respeitosa, passo a passo. Começa com o silêncio empático, até chegar o momento de colocar algumas perguntas que tocam o nível afetivo. Ele toca no ponto nevrálgico da dor. Os dois começam a levantar novamente o olhar, a falar com o peregrino desconhecido e a sair de seu ensimesmamento.

Então, Jesus torna-se companheiro de viagem, discreto, respeitoso, ao ritmo da caminhada deles, escutando os dois evangelizadores confusos e desorientados. Como ele consegue abrasar corações frios, empedernidos, insensíveis, lentos para crer, tristes, transformando-os em corações vivos, cheios de fé e confiança? A estratégia de Jesus baseia-se em algumas atitudes, em uma pedagogia.

A primeira atitude consiste em aproximar-se dos discípulos de maneira sutil, acompanhando o ritmo deles, ou seja, caminhando na mesma velocidade que caminham, numa demonstração de atenção e respeito a eles. Jesus não se coloca contra eles, obrigando-os a parar; não se coloca atrás deles, para obrigá-los a um ritmo mais lento ou favorecendo dúvidas e suspeitas; não se coloca na frente, querendo impor um ritmo mais rápido, favorecendo rebelião e resistências. Jesus conhece o jeito certo e as modalidades certas para oferece-lhes a salvação, sem pressa nem pressões indevidas. É o "timing", a arte de fazer a intervenção certa no momento certo.

A segunda atitude consiste em assumir o papel de companheiro e não de professor, isto é, o papel de quem quer compartilhar a experiência, antes de ensinar; o papel de

---

[2] Anotação em palestra proferida por Flavio Marchesini.

quem partilha o pão enquanto caminham juntos. Esta atitude está moldada em numerosas passagens evangélicas, nas quais Jesus prefere formular perguntas, mais que oferecer respostas: "Por que estais com medo? Ainda não tendes fé?" (Mc 4,40); "Que dizeis que eu sou?" (Mc 8,29). Nos Evangelhos sinóticos, Jesus apresenta 98 diferentes perguntas e 12 outros questionamentos nas parábolas, num total de 110 perguntas. A pergunta tem a capacidade de suscitar atenção, observação, introspecção: "Olhai, observai. O que pensais: é mais correto...?". Nesta situação, Jesus se coloca em atitude de escuta, perguntando sobre o assunto por eles discorrido, e dá atenção, questionando-lhes a causa da tristeza estampada em seus rostos. Ele mostra estar interessado mais nas pessoas que nos acontecimentos. Quando alguém se mostra interessado, as pessoas desabafam com prazer, mesmo começando com agressividade. Antes de "vender o produto", Jesus mostra interesse em satisfazer as necessidades dos discípulos. Assim, clareada a pergunta, é mais fácil propor a resposta.

A terceira atitude consiste no estabelecimento da "aliança" (estabelecer uma relação de confiança), do contato, do relacionamento. Na medida em que está forte e profundo o contato, a comunicação torna-se mais forte e profunda. Assim, os discípulos abrem o coração, narrando-lhe detalhadamente os acontecimentos e o desespero que os acompanha. A partir dessa comunicação, Jesus pôde assumir a condução do diálogo e, após detectar as angústias e problemas dos discípulos, dar-lhes a resposta, a partir das Escrituras, de modo muito firme e decidido, como um soco no estômago. Para abrasar apropriadamente aqueles corações, Jesus não mede esforços para conhecer bem a situação em que se encontram, com um diagnóstico correto. A estratégia de Jesus é tão eficaz e bem-sucedida que os dois acabam insistindo: "Fica conosco!" (v. 28).

4) E o reconheceram na fração do pão – Na encruzilhada da estrada, chegou a hora da opção. Convidar ou não convidar para ficar com eles? Decidem: "Fica conosco, pois já é tarde!". Na vida há sempre momentos de encruzilhadas, onde se precisa fazer escolhas. É necessário romper com as indecisões e assumir riscos e compromissos. Ficar neutro, esconder-se atrás dos medos, pode desperdiçar a grande chance da vida. Tinham caminhado uns bons trechos em sua revisão da fé. De uma fé interesseira a uma fé adulta, mais amadurecida. Quando começam a não mais se sentir autossuficientes, a graça encontra lugar para agir. Abrem suas casas para acolher o forasteiro. E ali, na fração do pão, o reconhecem e releem o que tinha acontecido no caminho: "o pulsar novo" (arder) do coração já havia captado a nova presença, mas ainda ficara na penumbra. É ali na fração do pão (Eucaristia) que o que está obscuro fica claro e gera nova compreensão do seguimento de Jesus. Imediatamente despertam para a missão, e não é mais necessária a presença física de Jesus, nem milagres. Voltam a Jerusalém para contar o que lhes acontecera (dar testemunho).

a) Textos bíblicos para meditação

Lc 19,1-10: "Zaqueu, hoje a salvação entrou em tua casa".
Jo 20,11-18: Maria Madalena: "Eu vi o Senhor".

b) Questões para refletir

1. Como a pedagogia usada por Jesus com os discípulos de Emaús pode ser utilizada em nossa missão como cristãos?

2. Que aspectos importantes precisam ser observados para a eficácia apostólica?

3. Em que momentos de sua vida você percebe ou percebeu que "seu coração ardeu"?

4. Que atitude tomou depois de ter feito a experiência de Deus em sua vida?

c) Oração

Senhor Ressuscitado. Olha para nossa caminhada. Frequentemente andamos cabisbaixos porque não entendemos, não discernimos bem os fatos ao nosso redor. Somos muito autossuficientes, acreditamos apenas em nossos planos e forças, e quando o fracasso vem, então, nossa tentação é abandonar a missão e voltar para nossa vidinha. Divino forasteiro, vem caminhar conosco. Alcança-nos em nosso caminho e fala conosco. Desperta o que está adormecido em nós, abre nosso coração à tua Palavra e que ela o faça arder, como fez aos discípulos de Emaús. Que a experiência de ti em nosso coração nos encha de entusiasmo e nos reanime a voltar ao encontro dos irmãos e compartilhar com eles a tua presença em nossas vidas e na vida deles. Divino Salvador, caminha conosco, fala conosco, alimentando-nos com teu pão, fica sempre conosco, porque senão a tarde vem sobre nós e ficamos sem caminho, perdidos na noite sem rumo. Divino Salvador, manifesta para conosco tua salvação. Amém.

Conclusão

A intenção inicial ao compor este livro foi a de ajudar as pessoas a se conhecerem mais e, assim, viverem melhor sua vida. Quem pode dizer se o objetivo foi alcançado ou não, é o leitor. Em todo caso, o tempo e o esforço em fazê-lo foram gastos e motivados por essa intenção.

Agradeço as pessoas que me incentivaram a escrevê-lo e a paciência em lê-lo, além da ajuda em corrigi-lo. Aí está!

A vida tem me ensinado que, para gostar mais dela, é preciso aceitá-la como é e estar sempre aberto para o que ela tem a revelar. Para isso, é necessário conhecê-la. Ela se apresenta com originalidade para cada um e só se sente completa quando assim pode ser vivida. Ela não gosta de ser xérox nem cópia malfeita de alguém. Pois tem seus próprios recursos, de que se precisa para percorrê-la e também suportá-la, quando se torna um pouco mais pesada. Ela gosta de viver cada dia dentro da idade que tem, sem saudade mal-humorada do passado e sem apressar o futuro. Cada dia oferece vinte e quatro horas de seu tempo para serem gastas, respeitando os seus ritmos e seus afazeres, sem tornar-se escrava nem das próprias necessidades nem dos deveres. Ela aprecia seus momentos de repouso e paz, quando pode fantasiar e ser criativa. A vida gosta de alimentar sonhos para serem vividos a seu tempo.

A vida me ensinou que é bom viver, amar, servir. Ela mostrou-me que o que dá sentido a ela é o que está fora dela, lá nas origens, onde o mistério está escondido. Lugar pleno e eterno onde tudo o que se viveu será revisto e selado para sempre.

Rua Dona Inácia Uchoa, 62
04110-020 – São Paulo – SP (Brasil)
Tel.: (11) 2125-3500
http://www.paulinas.com.br – editora@paulinas.com.br
Telemarketing e SAC: 0800-7010081